感謝は態度で示し 幸せは笑顔で伝える

人生を好転させる
発想と習慣32

○医学博士 天野 暁　○東洋陰陽五行研究家 荒井ヒロ子

日之出出版

はじめに

誰かに、この上もなく愛されることは、〝幸せ〟であるに違いない。

では、どうすれば、愛されるのか?

それは、実は非常に簡単なことなのです。


犬に学べばいい。ただ、それだけ。


犬たちは、人間から愛されながら生きています。愛される術を知っています。

「自分の帰りを思い切り喜んでくれる」「好意を拒絶しない」

「ときどき寄り添ってくる」「黙って話を聞いてくれる」

「美味しそうに食べる」……。

実は、人に愛されることにおいては、人間よりも犬のほうが長けているのではないでしょうか。

犬の〝幸せ〟はシンプルですが、人間の〝幸せ〟は奇々怪々です。

欲望の数だけ複雑になっています。

この本では、多様で見失いがちな真の〝幸せ〟を追求しています。
ハチとシロ、2匹の犬の言葉に耳を傾ければ、
あなたの本来の〝幸せ〟を取り戻すことでしょう。
さらに、未病健康コラム『Dr. AMANO EYE』ではワンランク上の健康法が習得できます。

健康こそが、〝幸せ〟の骨格です。

「いかに健康であるか?」「いかに生きるか?」「いかに楽しむか?」。
それが、〝ワンランク上の健康〟のテーマです。
未病は、ハチとシロの言葉を支える医学的な裏づけです。
『ハチとシロの言葉』と『未病のヒント』、この2つが調和して、
真の〝幸せ〟に導かれます。
「苦しみと幸せ」「健康と病気」その間にあるものが見えてきます。
どうか、この本によって、生きていることが〝幸せ〟と感じられますように。

Contents

はじめに 2

序章 8

episode 1
幸せは誰にでもくっついている 12
行きづまったら行動しよう!

episode 2
考えない才能 16
強い決意が問題解決のキメ手

episode 3
勇気は心の常備薬 20
いつでも思考は転換できる!

episode 4
動かそう自分! 24
五体も五感も使いなさい

episode 5
美人年齢 30
若さは気のもちようである

episode 6
8000歩のマーチ! 34
やりすぎ、やらなさすぎの運動を見なおそう

episode 7
腹八分はダイエットよりハッピー!
いのちは口から …… 38

episode 8
喜べば喜びを連れてくる福の神
引き下がる福の神 …… 42

episode 9
熱い気持ちが奇跡を生む
奇跡なんかない! いいえ、ある …… 48

episode 10
健康と病気の境界線を知る
未病のアンテナを張る …… 52

episode 11
食生活を改善して体調を整える
食環境と健康は表裏一体 …… 56

episode 12
見えない内臓の活性化
カラダの信号機 …… 60

episode 13
自分への疑いが自分を惑わす
信じるを視《のぞ》く …… 66

episode 14
嘘でもいいから笑ってごらん
笑顔は良縁に通ずる …… 70

episode 15
一日の始まりと終わりの活力アップ
習慣が人生を変える …… 74

episode 16
カラダを温めると運気も上昇する
心もカラダも冷やさない …… 78

Contents

episode 17
爽やかな心意気で応える
NOと言わない資質 …… 84

episode 18
どうにもできないことを、どうにかできるのは自分しかいない
ココロをふるいにかける …… 88

episode 19
使ってこそ活かされる
もったいない精神 …… 92

episode 20
太陽は深い眠りに役立つ
眠りとハイタッチ …… 96

episode 21
感動しよう！　まずは自画自賛
耀《かがや》く人は夢中思考 …… 102

episode 22
カラフルは脳をときめかせる
食生活に陽気な色づかい …… 106

episode 23
ひとりぼっちだからこそ聞こえる声
自然は話し掛けている …… 110

episode 24
どんな自分も「自分は自分」と肯定する
こんな私、でも大好き …… 114

episode 25
ワンランク上の絆を深める
共鳴の大切さ …… 120

episode 26
足るを知る
まず、健康で生きられることに満足する
124

episode 27
人生の春夏秋冬
生きることにも四季がある
128

episode 28
理想の死？
自分が死んだあとに残る景色がある
132

episode 29
うんちとおしっこが生きている証し
排泄の状態は健康のバロメーター
138

episode 30
素直という器量
好かれる人になれる方法
142

episode 31
幸せは感染する
愛される人の魔法
146

episode 32
「ありがとう」「ありがとう」「ありがとう」
感謝の気持ちが溢れてきたら幸せになれる
150

天野 暁 あとがき／プロフィール
156

荒井ヒロ子 あとがき／プロフィール
158

大都会のオアシスのような緑豊かな公園。その一角に、ドッグカフェ『A&A table』があります。豊かな樹木に囲まれた、20畳ほどもある広々としたテラス。年季の入ったベントウッドチェア。中央に置かれた、粗い木目の大きなテーブルが印象的です。

春には、風が百花の香りを運び、初夏には、木漏れ陽が床を彩る。秋には、穏やかな月光に包まれ、冬には、景色が純白のベールを纏《まと》う。季節を問わず、時を忘れて寛げる空間です。

その大きな8人掛けのテーブルの下に、いつも、店の看板犬〝ハチ〟と〝シロ〟が、寄り添って寛いでいます。オスの〝ハチ〟は、好奇心旺盛でとっても賢く、メスの〝シロ〟は感受性豊かで世話焼き。性格は違っても、8歳になった2匹の息はぴったりです。

TO STOP BEFORE HOME
Plants Lover

店主自慢のチーズスフレは、すぐにさっととろける口当たりが評判を呼んでいます。スフレには、パウダーシュガーで、天の川をデコレート。年季の入った長椅子にゆっくりと腰を掛けていただけば、味わいはより格別です。

公園の周辺は、閑静な住宅街。この店には、様々な目的で、様々な生活を営む人たちが集います。

さてさて、今日も〝ハチ〟と〝シロ〟のいるテーブルのそばで、どこかの誰かと、どこかの誰かが何やら熱く言葉を交わしています。

少しだけ、耳を傾けてみましょうか。

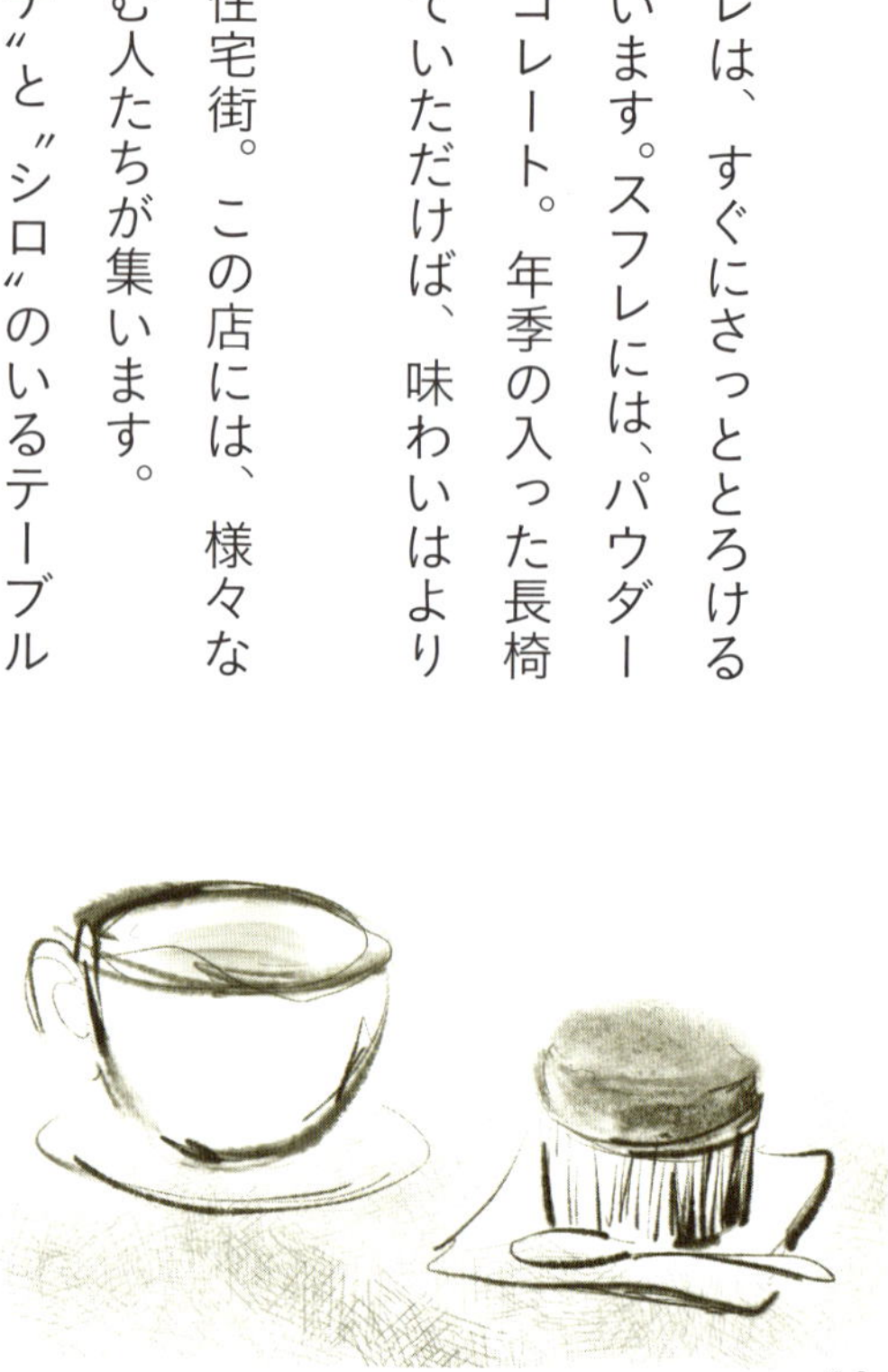

episode 1

幸せは誰にでもくっついている

行きづまったら行動しよう！

その日、〝ハチ〟と〝シロ〟のそばに座ったのは、30代後半の3名の女性たちです。

初めて山登りを経験したことでひどい筋肉痛になり、やっとの思いで3人ともカフェの椅子に腰を下ろしました。

その中のひとりが話しはじめました。

「姑がいなかったら、どれだけ幸せだろう。それだけで我が家はすべて解決なの。姑と離れたい！の一心で私は祈願に出掛けたの。黙々と山を4時間登るのに夢中だったわ。登り切ったとき、あれほど自分が苦しんだ姑のことがなぜか頭から消えていて、……胸のつかえがとれたの」

そんな3人の会話を、テーブルの下にいる〝ハチ〟と〝シロ〟は聞いていていました。

シロ 自分だけが不幸せだと
感じているあいだは、本当の幸せには
気づけないよね。

ハチ 文句や苦情を言っていると、
幸せを感じるセンサーが鈍るのだよ。

シロ 思い切って行動に出て、苦しい山登りを
したことは大正解だったわね。
自分を苦しめていたのは、実は自分自身
だって気づけたのじゃないかしら。

ハチ 嫌だ嫌だと思いながらずっとそこから
気持ちが離れられなかったんだからね。
嫌な空間から**離れた途端に、**
こんなに簡単に
自分にくっついている幸せに
気づけたんだもの。

Dr. AMANO EYE

健康のはなし

“健康”が幸せ!

健康とは、単に病気がないだけではなく、
身体的、精神的、社会的、Well-beingの状態であることが
WHO（世界保健機構）の定義です。

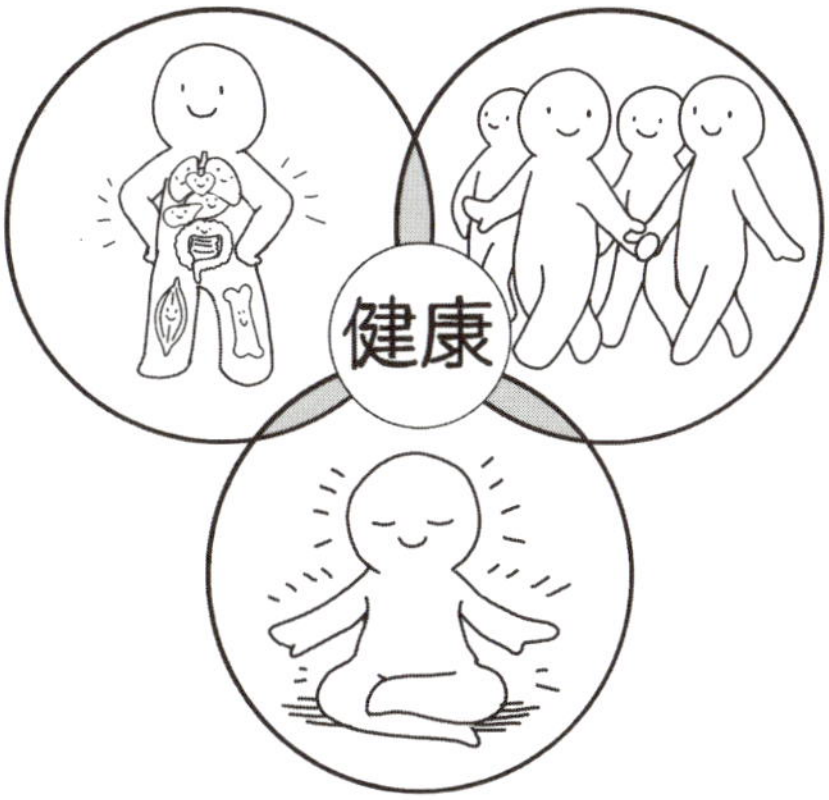

キーワード

適度な運動　笑う　腹八分目　食養生

質のいい睡眠　氣血水《きけつすい》　嘘をつかない

ポジティブシンキング

いま、この瞬間を生きる　良い習慣

奉仕する　感謝　生きがい　天人合一

夢中になる　適度な収入　楽観的

episode 2

考えない才能

強い決意が問題解決のキメ手

その日、〝ハチ〟と〝シロ〟のそばに座ったのは、借金の返済に奔走している30歳を過ぎたばかりの夫婦です。妻の父親が亡くなって、まもなくのことです。

「3000万円、半月で返済します！って言い切ったのは、あの銀行の支店長の無礼さが許せなかったからよ！」

「おまえはまったく浅はかだよ。なんの考えもなくどうやって3000万円も返すんだ」

「まず、お父さんの骨董品を売るわ。名刺を見て、お父さんの知り合いに片っ端から私が電話をします！」

そんな2人の会話を、テーブルの下にいる〝ハチ〟と〝シロ〟は聞いていていました。

シロ　この人、ちょっと軽率な気もするけど、
「絶対に成し遂げる」という強い決意で道は開かれると思う。

ハチ　へたに考え込むと、「できない」「怖い」「ダメだ」という
気持ちになりがちだからね。

シロ　ただ考えてもダメ。まずは問題を解決するという決意が
良い想像力をかきたてるのよ。

ハチ　それが、問題解決に
導くための
〝考えない才能〟って
ことなんだな。

シロ　もしものとき、その能力を
発揮するためにも、
常に心身ともに
健康であることが
重要なのよ。

Dr. AMANO EYE

生きるチカラ

誰でも健康になれる 4つの方法

**世界中の様々な多くの研究により、
ストレスマネジメントの上手な人ほど、
病気になりにくく、
長生きすることが明らかになりました。**

ストレスマネジメントのポイント

精神

「感謝」「許す」「愛」「喜び」など、ポジティブな感情をたくさんもちましょう。「社会活動」「遊び」「創作」「生涯学習」などに積極的に取り組むことが大切です。

運動

運動は筋肉だけでなく脳にも良い影響があります。運動は“海馬”の神経細胞を増加し、脳の代謝を促進することがわかっています。適度な運動をする習慣をつけましょう。海馬とは、脳の中にある器官であり、記憶や空間学習能力と密接に関係しています。

食生活

「中年以降は1日2食のカロリーで十分」「1日1食だけごちそうを楽しむ」「野菜を食べるほどガンになりにくくなる」「くだものは魔法の長寿食」。この4つを心掛けましょう

リラックス

ストレスは、自律神経のバランスを乱し交感神経を優位にする最大の原因です。リラックスすることで副交感神経が優位になり、免疫力が上がります。

episode

3

勇気は心の常備薬

いつでも思考は転換できる!

その日、〝ハチ〟と〝シロ〟のそばに座ったのは、司法試験に落ちてしまった30代半ばの2人の女性です。

「これで7度目よ。もういいかげんにやめたい……」

「私たち、気がついたらもう30過ぎね。諦めたほうがいいかもね」

「でも、ダメ！　司法試験に受かって、みんなを見返してやるのよ！」

「えっ？　私たち、弁護士になりたいから挑戦しているのよね」

「そういう問題じゃないの！　どうせ受かりっこない、って言っていた人たちの鼻を明かしたいのよ！」

「私、もうやめようかな。でも、いまさら何をしたらいいのかな？」

そんな2人の会話を、テーブルの下にいる〝ハチ〟と〝シロ〟は聞いていていました。

シロ　長く挑戦し続けているうちに、
　　　本来の目的を見失ってしまったのね。
ハチ　そうなったら、もう潮時だな。
シロ　もっとポジティブな感情をもって、
　　　新しい道を歩みはじめるべきよ。
ハチ　でも、ここまで頑張ってきたことを
　　　捨て去るのは勇気がいると思う。
シロ　**勇気は常に心の中にあって、**
　　　「出すか出さないか」なのよ。
　　　思考を転換すれば、自然と出てくるはず。
ハチ　自分の人生なんだから、
　　　本当にやりたいことを
　　　もう一度見つめなおすのが大切だよね。

Dr. AMANO EYE

心を笑顔に

ポジティブシンキング

“楽しい”“嬉しい”“幸せ”など、
ポジティブな感情を多くもつ人や言葉でよく表す人ほど、
若々しく長生きする傾向にあります。
医学の分野でも、心の前向きな精神性に目を向ける、
“ポジティブサイコロジー”がいま、注目を集めています。

ポジティブ思考による効果

1. 免疫力が高まり、健康が良好になります
結果、長生きします
2. 集中力が高くなり、
モチベーションが上がります
3. 生産性が高まります
4. ステレオタイプな考え方をしなくなり、
創造性が深まります
5. 様々なシーンでの人間関係が円滑になります

かつてハーバード大学で、約1400人（全学生の約2割）の学生が殺到した『ポジティブ心理学』というタル・ベン・シャハー氏による伝説的な講義があります。彼は、「幸せ」研究の第一人者でもあり、「自分の幸せを追求することは、同時に他者の幸せや世界全体の幸せにさえ貢献することになる」と語っています。上記は、彼が明らかにしたポジティブ思考による効果です。

episode 4

五体も五感も使いなさい

動かそう自分！

その日、〝ハチ〟と〝シロ〟のそばに座ったのは、20代前半の男女のカップルです。お互いにスマホをいじっていて、会話らしい会話はほとんどありません。

「あー、肩凝ったー。そろそろ帰ろうか」

「そうだな。なんか疲れたね。指以外、ほとんど動かしていないのにな」

「最近、イライラするしカラダもだるいし。買い物に行くのでさえおっくうで……」

「買い物なんか、全部、スマホでできるしな。わざわざ出歩かなくてもいいだろ」

「でも、私、うちのおばあちゃんより動いていないような気がするの」

「動かなくても何でも手に入る時代なんだから、別にいいんじゃね」

そんな2人の会話を、テーブルの下にいる〝ハチ〟と〝シロ〟は聞いていていました。

シロ 人間たちはスマホに振り回されすぎていない？

ハチ すぐに答えを教えてくれるからね、つい頼りたくなるんだよ。

シロ 人間はますます動かなくなるわね。もっとカラダ全体を動かさないと、どんどん老化は進むわよ。

ハチ スマホもいいけど、五感を刺激しないと本能も失うよ。

シロ **自分を動かすことで健全な自分を維持できる**。便利さよりも健康な自分でい続けることを忘れてはいけないよね。

Dr. AMANO EYE

運動で若返る

運動で筋肉貯金

加齢とともに筋肉量は低下し、老化も進みます。
歩行能力を維持するには、"骨の量や筋肉量の低下"という、
自然減少を克服していかなければなりません。

まずCheck!

○握力
○歩行速度
○椅子から立ち上がる時間
○片足立ち時間

以上はこの4つの身体能力で、
"若さ"と"寿命"を予測できます。
―――――― 英国の医学誌『BMJ』

運動がもたらす8つの利益

1. 体重のコントロール
2. 心血管疾患リスクを減らす
3. 2型糖尿病やメタボリック症候群のリスクを減らす
4. いくつかのガンを減らす
5. 骨や筋肉を強化
6. メンタルヘルスと気分の向上
7. 高齢者の日常活動能力の向上、転倒予防
8. 寿命を延ばす

ハーバード大学の研究により運動が幸せにとっての重要な役割を果たすと報告。

待てば甘露の
日和あり
そのうちチャンスは
巡ってくる

since 2008
RE TO STOP BEFORE HOME
JOY OF THE
LIFE WIT DOG

episode 5

美人年齢

若さは気のもちようである

その日、〝ハチ〟と〝シロ〟のそばに座ったのは、30代半ばと40代半ばの年の離れた姉妹です。2人は、デパートの化粧品売り場に行ってきた帰りに話をしています。

「かなりショックなんだけど。お姉ちゃんと同じ年に見られるなんて」

「化粧品売り場の人がどうかしているのよ」

「お姉ちゃんが若作りだから、私が老けて見られるのよ」

「若作りって……。ちょっと！　私のせいじゃないでしょ」

「私、もともと老け顔だし、このままお婆さんみたいになっていくのかしら……」

そんな2人の会話を、テーブルの下にいる〝ハチ〟と〝シロ〟は聞いていました。

ハチ 年齢より若く見える人には共通点があるよね。〝諦めない心〟が若々しさを維持してるんだよ。

シロ **何歳になっても「美しくありたい」という気持ちが大切**なのよ。

ハチ 妹さんは、老け顔を嘆くより、お姉さんとの意識や生活習慣の違いに注目したほうがいい。

シロ 生活習慣を改めて細胞から若返れば、自然といつまでも健康で美しくいられるからね。

Dr. AMANO EYE

健康のはなし

“テロメア”を伸ばして細胞から若返る!

**細胞分裂のたびに短くなる長寿遺伝子“テロメア”。
加齢とともに縮むと考えられています。
テロメアを伸ばせば、細胞から若返り、
ガンを防げる可能性があることが
研究でわかってきています。**

生活習慣でテロメアを伸ばそう!

軽めの有酸素運動

有酸素運動により抗酸化酵素が発生し、テロメアの構造体の破損を防いでくれます。

野菜や豆類などが中心の食生活

オメガ3脂肪酸が豊富な野菜や豆類などは、テロメアにいい影響をもたらします。

7時間睡眠

質のいい睡眠により、成長ホルモンの分泌を活性化させ効果をもたらします。

今に集中する

ポジティブ思考で、今を楽しみ、一生懸命生きている人は、テロメアにいい影響が現れます。

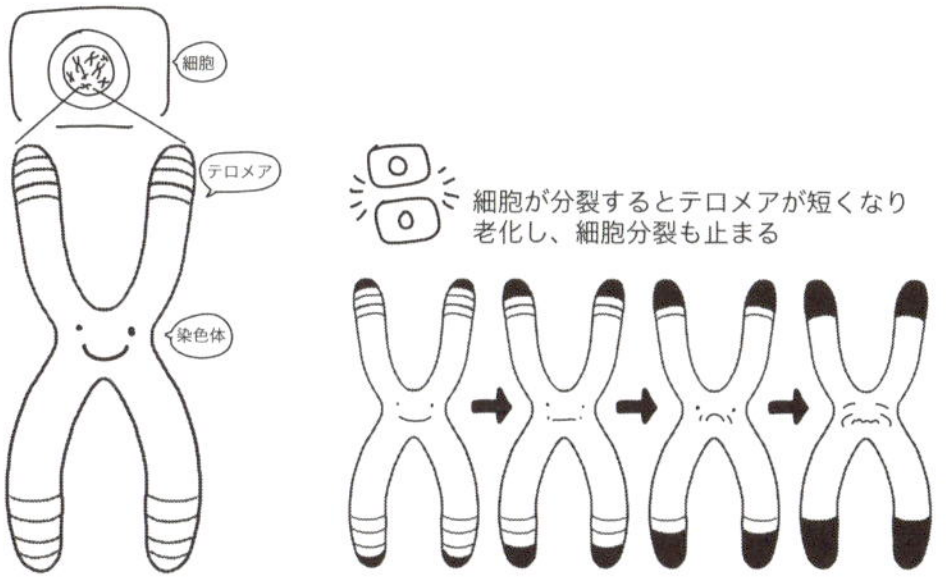
細胞
テロメア
染色体
細胞が分裂するとテロメアが短くなり
老化し、細胞分裂も止まる

アンチエイジングをして、健康寿命を伸ばそう!

episode

6

8000歩のマーチ！

やりすぎ、やらなさすぎの運動を見なおそう

その日、〝ハチ〟と〝シロ〟のそばに座ったのは、ジョギングウエア姿の40代半ばの2人の主婦です。ひとりはへとへとの状態で、もうひとりはまだ走りたそうにしています。

「まだ、5㎞も走ってないのよ！」

「私、もう無理。あなた随分と元気ね。普段、どんだけトレーニングしているの？」

「ジムにも通っているし、毎日、15㎞は走っているわよ」

「えーっ、何を目指しているの？」

「あなたがやらなさすぎなのよ。健康を維持するためにあなたもやるべきよ」

そんな2人の会話を、テーブルの下にいる〝ハチ〟と〝シロ〟は聞いていていました。

ハチ　運動しないのは問題だけど、
過度な運動は、腎臓に
負担をかけるから、かえって
免疫力を下げてしまうんだよな。

シロ　急にいろいろはじめるのも危険ね。
年齢も考えて運動をしないと。

ハチ　一日、8000歩のマーチ！

シロ　8000歩に意味があるの？

ハチ　ぼくたちみたいに、
ただ散歩を楽しめばいいってこと。
やりすぎもダメ、
やらなさすぎもダメ、
適度な運動が幸せを育むのさ。

Dr. AMANO EYE

運動で若返る

運動のアンチエイジング効果

日本人全体で運動習慣（1回30分以上の運動を週に2回以上実施し、1年以上継続している人）のある人の割合は、男性31.2%、女性25.1%です（2016年度「国民健康・栄養調査」）。運動不足は国民全体の問題になっています。これは、現代人の健康や幸せと密接な関係があります。

運動によるアンチエイジングの4つの効果

1. 若さを保つHGH（成長ホルモン）の分泌を促す
2. 循環器が強くなる
3. 筋肉がつく、骨粗鬆症を防ぐ
4. ストレス解消

健康寿命が伸びる！

運動がもたらす利益の実例

2017年、東京マラソンにおいて、4時間11分45秒で完走し、世界新記録（80～84歳部門）を樹立した中野陽子さん（80歳）の証言。

「マラソンをはじめたのは70歳になってから」
「1日3時間、週3回、老人ホームで働いています」
「職場までは、10㎞走って通っています」
「ストレスをためないのが第一」
「初心に返って、目標を作り直しています」

ポジティブな態度や生活習慣は、幸せな人生をもたらします！

episode

7

いのちは口から

腹八分はダイエットよりハッピー！

その日、〝ハチ〟と〝シロ〟のそばに座ったのは、ダイエットについて熱心に語り合う20代半ばの2人の女性です。

「私、もう3日間、酵素ジュースしか飲んでいないんだぁー」

「このあいだまで、炭水化物抜きダイエットをしてたんじゃないの？」

「もっと痩せたいのよ！」

「……っていうか、もうすでにガリガリなんだけど、大丈夫？」

「うん、大丈夫。明日は腸内洗浄して宿便取りに行くんだぁー」

そんな2人の会話を、テーブルの下にいる〝ハチ〟と〝シロ〟は聞いていていました。

シロ　ダイエットって、知らず知らずのうちに深みにはまって危険ね。

ハチ　バランスのいい食事は、健康に生きていくうえで、ダイエットよりも大切だよ。

シロ　過度な食事制限のために精神のバランスを崩してしまう人もいるわ。

彼女たちの肌はボロボロよ。でも自分は気づかない。ダイエットのせいでさらに悩みが増えているのよ。

ハチ　**食事は、生命維持の基！**

〝いのちは口から〟と思って、ちゃんと食べないと！

シロ　でも、食べ過ぎにも注意しないと。

健康にも、美容にも腹八分目が大切！

Dr. AMANO EYE

| 食美人を目指す |

腹八分目のすすめ

"福は口から"。これは、漢方に古くから伝わる言葉です。
未病の研究においても、健康、幸福感、
心の平和(安心)は、すべて食べることと
密接な関係があることがわかってきました。
"食"は、心身ともに"健康"の源です。
食は幸せを運びます。

腹八分目の4つの効果

1. 満足感や幸福感を感じやすくなる
2. 健康寿命が伸びる
3. 長寿遺伝子を"オン"する近道
4. 頭が冴えて、感受性が高まる

腹八分目のコツ

「食べる順番が大事」

1. サラダ・スープ・豆腐
2. 蒸し物・煮物
3. 肉・野菜
4. ご飯・麺

「よく噛んで食べて食欲を抑える」

ご飯をよく噛んで食べることで食欲にブレーキがかかります。生活習慣病などの原因となるカロリーの過剰摂取を抑えましょう。

episode

8

喜べば喜びを連れてくる福の神

引き下がる福の神

その日、〝ハチ〟と〝シロ〟のそばに座ったのは、20代の女友だち2人です。彼女たちは、旅行のお土産でもらったものについて話しています。

「ねえ、どこか知らない神社のお守りとかもらって困ることない？」

「あるある！　もらっても処分に困るし。私は、受け取らないことにしている」

「それって人の気持ちをむげにしすぎじゃないの？」

「やっぱり、受け取らないほうがいいのかな。喜んで受け取ったら、また買ってきてくれそうだし……」

そんな2人の会話を、テーブルの下にいる〝ハチ〟と〝シロ〟は聞いていていました。

ハチ　気持ちはわかるけど、
受け取らないというのはどうなんだろう？

シロ　お守りは、本当に困るよね。
でも、モノの問題ではなく、
気持ちの問題なんじゃないかしら。

ハチ　旅先で、自分のことを思い浮かべて
くれたわけだから。それだけでも、ありがたいよね。

シロ　断るだなんて、せっかくの福の神が
後ろを向いてスタスタと引き下がっちゃうわよ。

ハチ　**喜べば喜びごとがまた誰かに**
伝わっていくんだよ。
それが福の神の力なんだね。

Dr. AMANO EYE

心を笑顔に

Happy people live longer

2011年、アメリカ科学振興協会の
著名な学術雑誌『Science』において、
“幸せと長寿”“幸せと病気”“幸せと健康”、
それぞれが強い関連性があるという
驚くべき論文が発表されました。
そこでは、「幸せな人は長生きする」
ということが明らかになっています。

Focusing on the Positive

1. 夢中になれることがあり、情熱的である
2. 希望や夢がある
3. 自分の人生としっかり向き合っている
4. 感情をコントロールできる

※この4つの項目が多くあればあるほど、幸せ度が高いと判定します。

幸せはどんな影響を及ぼすのか?

「幸福感をもつ人は、幸福感をもたない人より、
7.5歳から10歳長生きします」
「幸福感をもつ人は、健康に必要な習慣をもっています」
「幸せは感染します(家族8%、友達25%、隣人34%)」
「幸せはカラダと心に直接的な良い効果をもたらします」

教わったことは
なるべく
実行するんです

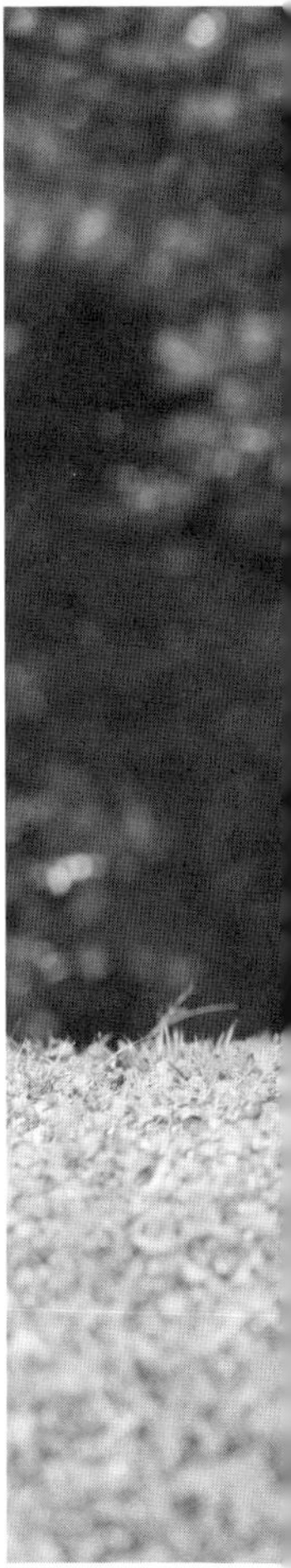

episode

9

奇跡なんかない！
いいえ、ある

熱い気持ちが奇跡を生む

その日、〝ハチ〟と〝シロ〟のそばに座ったのは、50代前半の男性と40代半ばの女性の夫婦です。男性は、末期ガンを宣告されたことで意気消沈しています。

「ステージ4じゃ、もうどうにもならないな」

「諦めないで！　末期ガンだって、治った人はいるでしょ」

「そんなのは奇跡の類いだよ。オレには信じられないね」

「あなたにだって、きっと奇跡がおとずれる」

「もういいよ。仕事も辞めて、あとは静かに死ぬのを待つだけさ」

「死ぬだなんて言わないで！」

そんな2人の会話を、テーブルの下にいる〝ハチ〟と〝シロ〟は聞いていました。

シロ ダメよ、諦めちゃダメなのよ、
諦めたら奇跡はおこらないわ。

ハチ 諦めなくてもなかなか奇跡はおこらないよ。

シロ まず、ストレスになっていたことを
きっぱりやめて、この機会に
自分が一番好きなことをやればいいのよ。
好き放題できるチャンスだと思って。

ハチ そうか。結果はどうあれ、
前向きな気持ちになれるね。

シロ あとは、食生活を改善することも大切ね。
何より奇跡は、
ポジティブ思考が好きなのよ。

Dr. AMANO EYE

| カラダの自己管理 |

ガンにならない生活習慣

現代の日本は、2人にひとりがガンになるといわれ、死因の第1位です。世界的にもガンの患者さんは、増え続けているのが現実です。

ガンの予防につながる方法は？

① 食生活の改善

野菜中心の食事や減塩などで、規則正しい食事を心掛ける。

※下の図表は、ガン予防につながる食品です。

［ガンの予防効果が高い食品］

アメリカ、国立ガン研究所の研究より

② 禁煙

たばこを吸う人のガンの発病率は、吸わない人より男性では約1.6倍、女性では約1.5倍高い。

③ ポジティブ思考

ハーバード大学公衆衛生大学院の健康と幸せセンター長 ローラ・クブザンスキー教授の発表によると、病気そのものを特定するだけではなく、ストレスや不安、孤独などの否定要因が、病気になる危険性を高めていると指摘しています。健康を増進させられる要因を見つけだし、上手に活用することが大切です。

episode

10

未病のアンテナを張る

健康と病気の境界線を知る

その日、〝ハチ〟と〝シロ〟のそばに座ったのは、40代前半の2人の女性です。彼女たちは、自分たちの体調についで話し合っています。

「体調が悪くて検査に行ったんだけど、どこにも悪いところはないらしいの」

「私は逆よ。全然、元気なのに、血圧が高すぎるみたい」

「これって、どういうことかしら?」

「私たち、病気なの?」

「体調が悪いってことは、そうなんじゃないのかな……」

そんな2人の会話を、テーブルの下にいる〝ハチ〟と〝シロ〟は聞いていました。

ハチ
具合が悪いからといって、
病気とは限らない。

シロ
人間も機械みたいに
故障がおきるんでしょうね。

ハチ
便秘がちだとか、片頭痛、
めまいや微熱があって薬を飲んでいる人が
このテーブルにしょっちゅういるだろう？
その段階が発病する手前の
〝未病〟という状態なんだよ。

シロ
実際に病気じゃなくても、
具合の悪さを感じている時点で
未病なのよ。
だから普段からカラダの微妙な変化に
注意しておくことがすごく大切。

Dr. AMANO EYE

| 未病のはなし |

未病とは何か？

健康と病気のあいだで、発病する一歩手前の状態です。

これが未病と考えられます

自覚症状はないけれど、
人間ドックで異常（軽度）がある

たとえば、コレステロール値が高い、血圧が高いと言われる

●

自覚症状はあるけれど、検査しても異常がない

たとえば、めまい、頭痛、肩こりなど

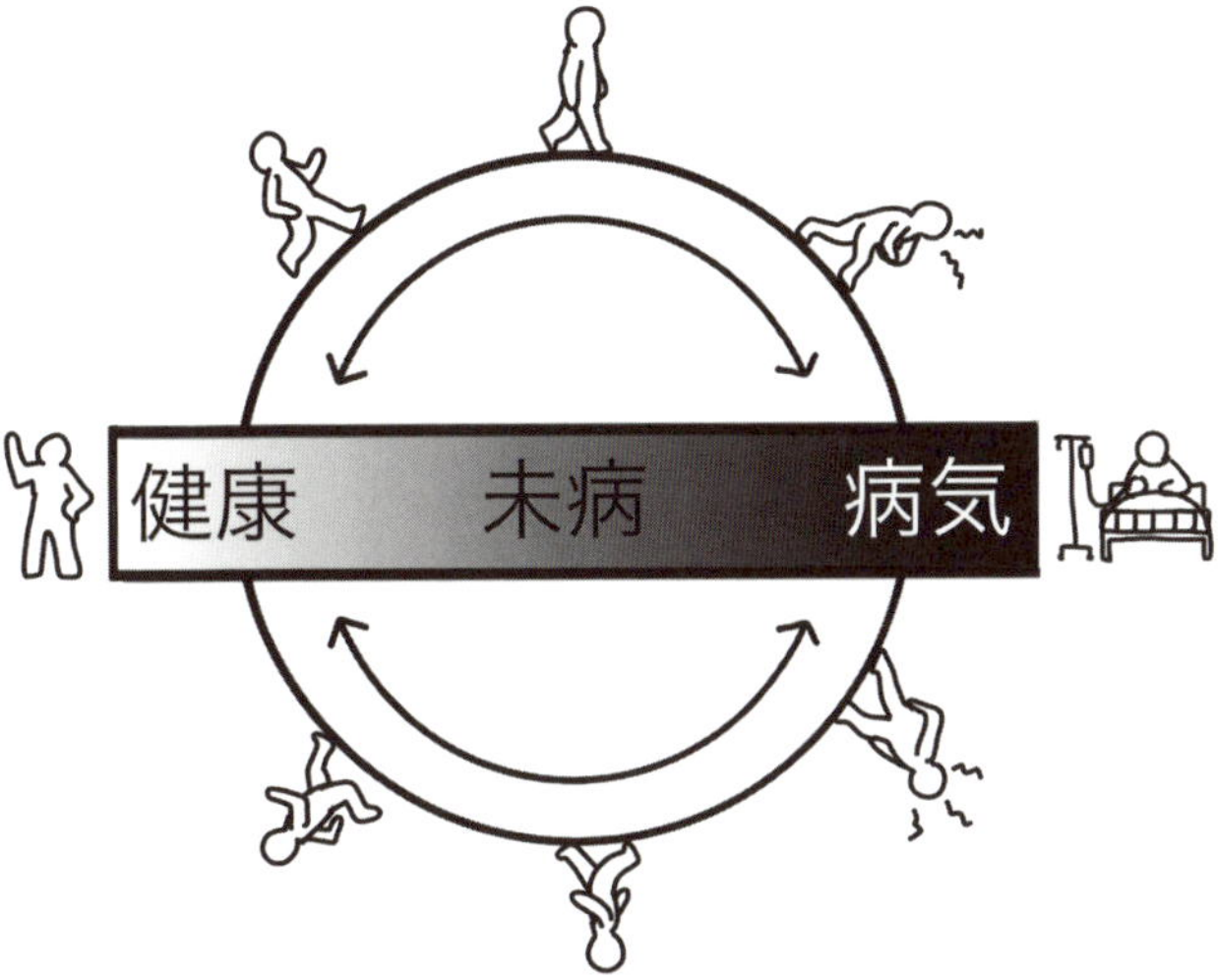

未病は、若くても、働き盛りでも、中高年でも、高齢者の人でも、
誰もがいつでもかかりやすいので、要注意です。

未病を治して健康なカラダを作りましょう！

episode

11

食環境と健康は表裏一体

食生活を改善して体調を整える

その日、〝ハチ〟と〝シロ〟のそばに座ったのは、40代前半の2人の主婦です。2人は、食に対する意識の高さを競い合っています。

「うちは、料理に使う水もすべて波動水を使っているのよ」

「水よりも大切なのは調理器具よ。うちには、コーティング加工したモノは一切ないの」

「でも、その辺のスーパーで売っている野菜を使っているようじゃダメじゃない?」

「あら、うちは、スーパーでも低農薬有機野菜コーナーのモノを買っているわよ」

「だめよ、完全無農薬じゃなくっちゃ」

そんな2人の会話を、テーブルの下にいる〝ハチ〟と〝シロ〟は聞いていました。

ハチ　この人たち、いつも
あっちが痛いこっちが痛いと
言っている人たちだよね。

シロ　食の意識が高いはずなのに、
健康とはいえないようね。

ハチ　話している内容は
間違いじゃないけど。

シロ　水や調理器具、農薬とかに
神経質になりすぎて、肝心なことが
おろそかになっているわよね。

ハチ　**カロリーを抑えながら**
しっかり食べるといった
基本的な食習慣を
重視したほうがいいよ。

Dr. AMANO EYE

｜食美人を目指す｜

おとなの食常識

食べすぎや、運動不足によるメタボの反面、
中高年になると、食が細くなり、栄養の吸収力が低下します。
その結果、低栄養状態になりやすくなります。
風邪、感染症、脳卒中、ガン、うつにより、
死亡率のリスクが上昇します。カロリーは抑えながら、
しっかり食べることがおとなの食常識です。

おとなの理想的な食生活

1日1食だけ、ごちそうを楽しむ

厳しい食事制限はストレスになるので、逆効果です。

中高年は1日2食で、カロリーは十分

若いときと違い、カラダの代謝がゆっくりとなるので、
あまりカロリーは必要なくなります。

野菜を食べるほど、ガンになりにくい

世界中の多数の研究により、野菜を食べれば食べるほど、
ガンになりにくいことが証明されています。

くだものは魔法の長寿食

1日200g以上のくだものを摂取すると、
ガンの発生が抑制されるという研究があります。

episode 12

カラダの信号機

見えない内臓の活性化

その日、〝ハチ〟と〝シロ〟のそばに座ったのは、小学6年生の子どもを持つ、40代前半の2人の主婦です。子どもと自分たちの性格や体質の変化について話しています。

「近頃は、うちの娘はせっかく買ってきた服を全然着てくれなくて」

「うちなんて男の子でしょ。一緒に歩くのもいやがるわよ」

「私、なんかイライラして、怒ってばっかり」

「そうね。私も最近、変なの。寝汗をかいて、夜中によく目が覚めるし……」

「更年期かしら。眠りも浅いし」

そんな2人の会話を、テーブルの下にいる〝ハチ〟と〝シロ〟は聞いていていました。

ハチ　子どもは第2次成長期だな。
シロ　急激な変化に気持ちがついていかないんだろう。
ハチ　お母さんは、加齢による
ホルモンの乱れが原因だと思う。
そんなときに**不調を感じたら、**
副腎疲労も疑ってみたほうがいいかも。
シロ　副腎は、人体の機能を
コントロールする様々な
ホルモンを分泌させる臓器よね。
ハチ　食事を見直すだけで
改善する可能性があるんだけどな。

Dr. AMANO EYE

カラダの自己管理

副腎疲労

副腎は、ホルモンの分泌をする臓器です。
人体の血圧や血糖、水分量や塩分量などを
適切な状態に保つために、ホルモン分泌のバランスを
整えてくれています。1990年代に米国の医師
ジェームズ・L・ウイルソン氏が、はじめて「副腎疲労」という
症候群を提唱しました。様々な心身の不調は、
副腎の機能不全が原因であるという考え方です。

もしかして、副腎疲労？

- □ 物忘れがひどい
- □ 疲れがなかなか取れない
- □ アレルギーが増えた
- □ うつ状態になりやすい
- □ 月経前症候群が悪化した
- □ 我慢がきかなくなった
- □ コーヒーを多飲する
- □ めまいや立ちくらみがする
- □ 朝起きられなくなった
- □ 動悸・息切れがする
- □ 風邪をひきやすい
- □ 怒りっぽくなった

※これらの項目をチェックして、あてはまるものが多いほど、
副腎疲労の可能性が高まります。

副腎疲労を改善する食事

1. 甘い食べ物を控える
2. 加工食品を控える
3. 化学調味料や人口甘味料を控える
4. グルテンを摂りすぎない
5. 乳製品を控える
6. 良質な魚（EPAなど）を摂る
7. 豆腐、豆、野菜などを摂る

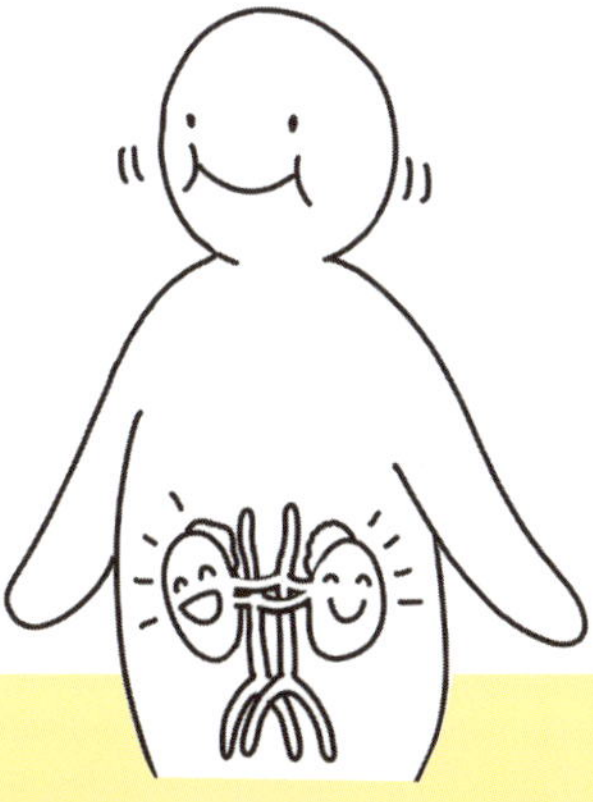

寄り添う
気持ちがあれば
幸せなんです

THE

episode 13

自分への疑いが自分を惑わす

信じるを視《のぞ》く

その日、〝ハチ〟と〝シロ〟のそばに座ったのは、30代前半の男性と20代後半の女性の夫婦です。２人は、ご主人の奥歯の抜歯について話しています。

「なあ、本当に抜かなきゃならないような虫歯なのかな？」

「先生がそう言ったんでしょ。心配なら他の歯医者さんに行ってみれば」

「子どもの頃からお世話になっているところだよ。なんか気が引けるな」

「疑っているみたいだから」

「信用しているんだけど、歯はなるべく残したほうがいいって聞くし……」

そんな２人の会話を、テーブルの下にいる〝ハチ〟と〝シロ〟は聞いていていました。

シロ　抜歯することを告げられたら、
　　　ハチならどうする？

ハチ　自分が信じたお医者さんの
　　　言われたとおりにするだけだよ。

シロ　他の先生に診てもらおうとはしないの？

ハチ　セカンドオピニオンを
　　　検討するということだね。
　　　でも、一度信じたお医者さんを
　　　替えるのはどうかと思って、
　　　躊躇しちゃうんだよな。

シロ　**セカンドオピニオンは、**
　　　治療の選択肢が広がることであって、
　　　うしろめたさに戸惑わなくていいのよ。

ハチ　だったら疑う気持ちが晴れるね。

Dr. AMANO EYE

生きるチカラ

Well-being

Well-beingとは、WHOの定義によると、健康のことであり、幸福のことでもあり、すべてが満たされた状態でもあります。

Well-beingの5つの要素

Positive Emotion
○前向きな気持ち

Engagement
○没頭・夢中

Relationships
○人との関わり

Meaning and Purpose
○生きる意味や意義

Achievement
○達成感

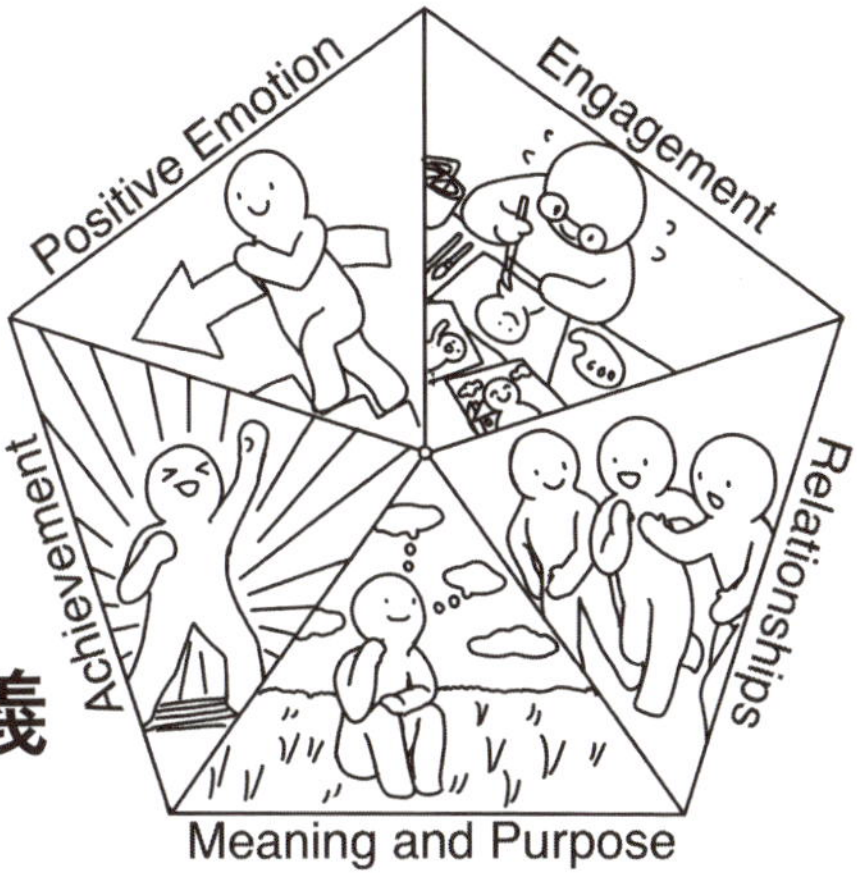

ポジティブ心理学の父とも称される、ペンシルベニア大学心理学部教授のマーティン・セリグマンは、『well-being理論』を提唱しました。その中で、well-beingを構成する5つの要素を明らかにしています。それらは頭文字を取って、「PERMA/パーマ」と呼ばれています。PERMAを高めることが万人に共通する人生の目的とも受けとめられます。

episode

14

笑顔は良縁に通ずる

——嘘でもいいから笑ってごらん

その日、〝ハチ〟と〝シロ〟のそばに座ったのは、彼氏ができないことを悩んでいる30代後半の女性とその友人です。

「どうすればいい人と出逢えるのかしら?」

「縁結びの神様にお願いしに行ってみたら」

「そんなの、とっくに行っているわよ。お守りだって3つも持っているし」

「それなら、お見合いイベントに行くのもいいんじゃない?」

「よく行くけど、いい男なんて全然いないわよ」

「そうなの……」

そんな2人の会話を、テーブルの下にいる〝ハチ〟と〝シロ〟は聞いていました。

シロ　真剣になりすぎて笑顔が消えているわね。

ハチ　一度〝いい人探し〟はやめて、
いい笑顔を心掛けてみてはどうかな。

シロ　口角をキュッとあげて、
ありがとうの笑顔。
笑顔は人を幸せにするし、
自分にも幸せが寄ってくると思うの。

ハチ　人間は笑う力を授けられた
唯一の動物なんだから、
そこを活かさなくっちゃ！

シロ　**笑顔は必ず良縁を連れてくる**から。

Dr. AMANO EYE

心を笑顔に

笑顔が幸せホルモンを運ぶ

笑顔になると幸せホルモン“エンドルフィン”が分泌され、気持ちが落ち着き、脈拍や呼吸を安定させます。

笑顔の効果

好印象になる

人気が高まり、コミュニケーションも円滑になり、人生が楽しくなります。

免疫力を高める

エンドルフィンが分泌され、気持ちが落ち着き、病気になりにくくなります。

ビジネス運気が上がる

笑顔は、ポジティブな思考にしてくれて、仕事がうまくいきます。

仕事の効率が上がる

内面から気分が良くなるだけでなく、邪魔な思考が減り、仕事の効率が上がります。

作り笑顔でも健康寿命が延びる!

口角をあげる

表情筋を有効活用。頬の筋肉を上げて、目を少し細めて、口角を横に引っ張ります。箸をくわえると、笑顔に似た表情になります。

episode

15

習慣が人生を変える

―一日の始まりと終わりの活力アップ

その日、〝ハチ〟と〝シロ〟のそばに座ったのは、30代前半の2人のビジネスマンです。2人は、ストレス解消法について語り合っています。

「最近、残業が多いからな。寝る前にスマホでゲームをするのが唯一のストレス解消法だよ」

「オレは、もっぱら酒だな。昨日も帰りは終電だよ」

「ストレス解消のはずなのに、ついつい夜更かししちゃって朝がつらいよな」

「二日酔いでも、うちの奥さん容赦ないからな。ギャーギャー言いながら布団をはぎ取るよ」

「結果的にストレスが増えているね」

そんな2人の会話を、テーブルの下にいる〝ハチ〟と〝シロ〟は聞いていていました。

シロ　夜遅くに行うストレスの解消法は、
ハチ　結局はストレスを招くことになりがちね。
シロ　夜更かしするおそれがあるからね。
よい目覚めは、
様々なストレスに
打ち勝つために重要なことよ。
ハチ　まずは、よい目覚めを迎えるための
習慣を身につけることだな。
シロ　一日のスタートである
朝の時間を大切に過ごすだけで、
人生が好転することもあるのよ。

病気にかかりやすい “魔の時間帯”がある

**早朝は血液が固まりやすく、
目覚めたときは血圧が上昇しやすい。
そのため心筋梗塞や脳梗塞のリスクも高まります。
これが、“魔の時間帯”です。**

危険のメカニズム

朝目覚めたときは、『副交感神経』（リラックス）から『交感神経』（覚醒）に切り替わる不安定な状態にあります。『交感神経』が優位のときは、眠っているときより、心拍数が増え、血管が収縮し血圧も上昇します。血液がドロドロになりやすいので、特に冬には気をつけてください。

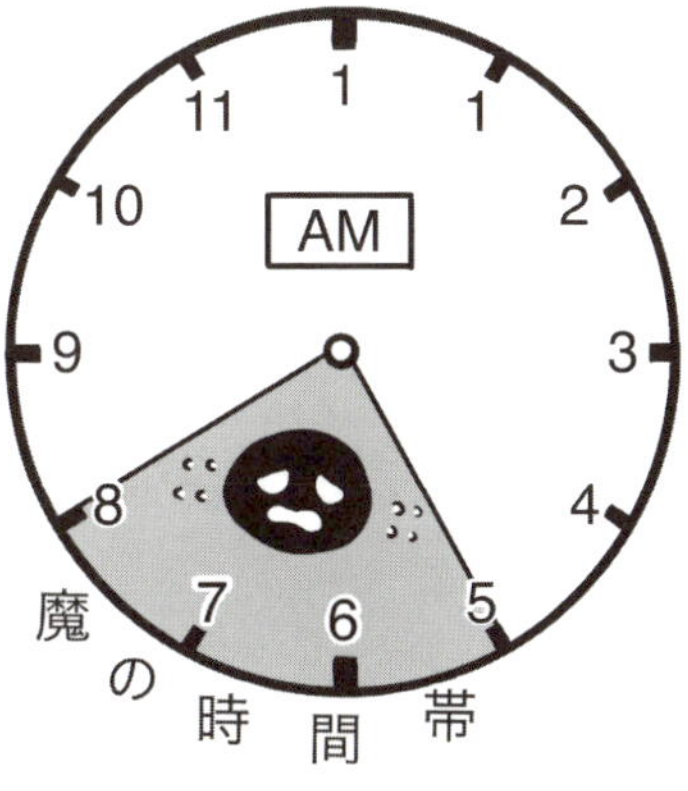

健康的な朝の過ごし方

1. 目覚まし時計は、突然の爆音などで起きないように“スヌーズ機能”にして、ゆるやかに目覚めましょう。
2. 朝目覚めたら、まず水分を摂りましょう。
3. 日光浴しましょう。
4. ゆっくりストレッチをしましょう。

episode 16

心もカラダも冷やさない

カラダを温めると運気も上昇する

その日、〝ハチ〟と〝シロ〟のそばに座ったのは、40代後半の2人の女性です。2人は、お互いの健康状態について話しています。

「この年でどこも悪いところがないなんてすごい！」

「特別なことは何もしてないんだけどね」

「いいわね！　私なんて、年中、どこかしら具合が悪いわよ。健康の秘訣を教えて！」

「うーん、何かしら？　家庭円満かなー」

「家庭円満？　健康と関係ないでしょ」

「とにかく毎日が幸せなのよ」

「私はそんなふうに言い切れないわ……」

そんな2人の会話を、テーブルの下にいる〝ハチ〟と〝シロ〟は聞いていました。

ハチ 誰が見ても不公平なぐらい、
健康と不健康に分かれちゃっているね。

シロ 日々、幸せを感じながら生きている人と
そうじゃない人の違いが健康に現れているのよ。

ハチ でも、健康じゃない人に
幸せを感じながら生活しなさいと
言ってもむずかしいよね。

シロ まず、カラダを温めることよ。
運動して汗をかく、カラダを冷やす
食べ物はなるべく避ける、
お風呂にはゆっくりつかる、とかね。
カラダを温めると心も温まるから。

ハチ 心が温まれば幸せな気持ちになって
それが健康につながるんだよね。

state of mind = state of body

ハーバード大学公衆衛生大学院の
『健康と幸せセンター』の研究は、
心の状態と健康に密接なつながりがあることを
科学的に証明しています。
ポジティブシンキングが、健康につながり、
健康は幸せとつながって、
また、ポジティブシンキングへと巡ります。

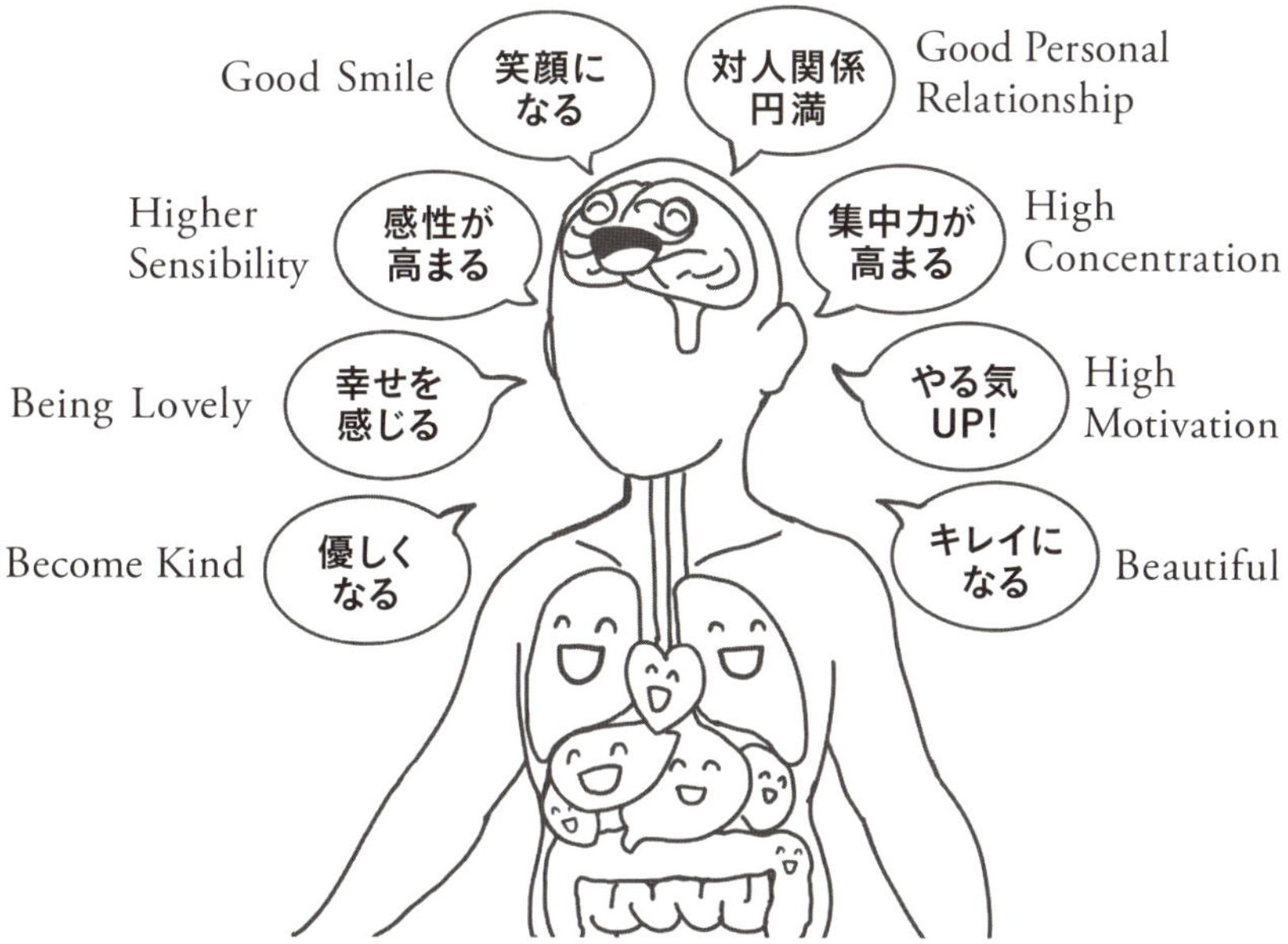

幸福感をもつ人は、免疫力を向上させ、心臓病、高血圧、糖尿病、肥満、ガン、などといった疾病に対する予防効果が期待できます。

大いなるMy Way
自由ってすばらしい

episode

17

NOと言わない資質

爽やかな心意気で応える

その日、〝ハチ〟と〝シロ〟のそばに座ったのは、20代半ばのビジネスマンの3人組です。3人は、同じ会社の同僚で、他の同僚のうわさ話をしています。

「なんで、あいつばっかり上司にかわいがられるんだ？」

「いつも、はい、はい、としか言わないから、使いやすいんだろう」

「上司に媚をうって、先輩も出し抜いて課長にでもなるつもりなのかな」

「いくら出世できても、あんなイエスマンにはなりたくないな」

「だよな、そんな仕事の仕方はごめんだね」

そんな3人の会話を、テーブルの下にいる〝ハチ〟と〝シロ〟は聞いていました。

シロ 自分が後輩に何か頼んだとき、「はい！」と言われたほうが気持ちいいだろうに。

ハチ **素直に「はい！」と応えられるのは器量があるから**なんだよ。

シロ 何か受け入れがたいことがあるなら、そのあとで相談すればいいわけだから。

ハチ 点数かせぎのイエスマンじゃかわいがられることなんてないし、すぐにボロが出るでしょ。

シロ 上司は人を選んで仕事を与えてくれているわけだから、まずそのことをありがたく思うことが大切。その応えにNOはないわよ。

Dr. AMANO EYE

｜心を笑顔に｜

Give and Give

「すべてを受け入れる」ということは、
見返りを求めることなく、
最後まで与え続けるという気構えが大切です。
ハーバード大学の研究により、
「人の幸せに貢献する」ことが、自分の人生を豊かにする
可能性を高めることが明らかになっています。

幸福は無限の資源

幸福をとらえると“幸福”に無限の広がりを感じます。

Relationship（人との関わり）も、幸せに影響する大切な要素です。

寛容さを持つ人たちと良い関係を築きましょう。

「ギブ&テイク」の関係だけではなく、「ギブ&ギブ」こそが、
人間関係を良好にする最も重要な精神です。

episode 18

ココロをふるいにかける

どうにもできないことを、
どうにかできるのは自分しかいない

その日、〝ハチ〟と〝シロ〟のそばに座ったのは、30代半ばの女性と20代後半の2人の姉妹です。既婚者の姉が妹に、早く結婚相手を見つけるよう促しています。

「いいかげん、前のカレのことは忘れたら？」

「婚約直前で別れちゃったから、ダメージがひどくて……」

「もとはと言えば、あなたが浮気したから、ダメになったんじゃないの！」

「だって、遠距離恋愛で寂しかったから」

「まさか、まだ前のカレとよりを戻せると思っているんじゃ……？」

「忘れられないのよ……」

そんな2人の会話を、テーブルの下にいる〝ハチ〟と〝シロ〟は聞いていていました。

シロ　この人って、寂しくなると
いつだって同じことを
しはじめるんじゃないかしら。

ハチ　そのくせ後悔を引きずっている。

シロ　「そんな自分をいつやめますか」って
言いたいわ。

ハチ　どうしたら自分のことを
変えることができるのかな？

シロ　たとえば、生活をすっかり変えてみる。
そうすれば
人との出逢いが変わって
人生が変わるから。

Quality of Life（QOL）

Quality of Life（QOL）の「Life」には、

「人生」「生活」「生命」の3つの意味があります。

QOLとは、その3つの質のことを表す言葉です。

「楽しく充実した人生を送っているか？」

「希望をもって、人間らしく生きているか？」

「自分の“いのち”を大切にしているか？」などを、
私たちにとって最も大切な基本的価値として
考えています。

QOLを高めるためには?

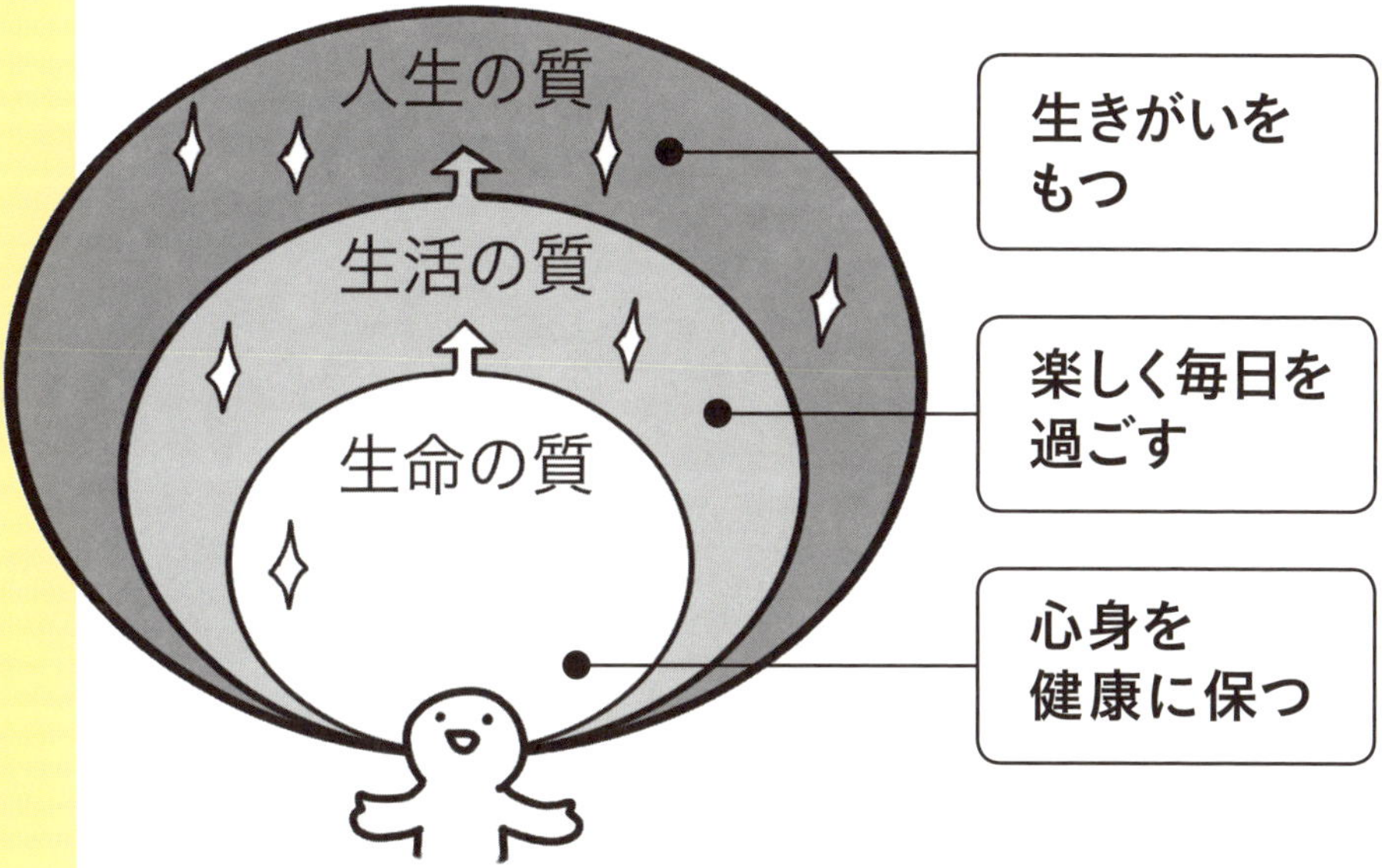

episode 19

もったいない精神

使ってこそ活かされる

その日、〝ハチ〟と〝シロ〟のそばに座ったのは、50代前半の3人の主婦です。主婦たちはもったいない談義をはじめました。

「デパートで買い物をしたときの紙袋、なんか捨てるのが惜しくて、どんどんたまっていっちゃうんだけど……」

「私なんて冷蔵庫を開けると、捨てなきゃいけないモノがギッシリ。主人に見つかるとうるさいからそっと捨てるのよ」

「お惣菜を買ったときについてくる小さな醤油、たくさんたまってるわ。いつか使えるかもって捨てずに残しちゃう……」

「もったいないからねー」

そんな3人の会話を、テーブルの下にいる〝ハチ〟と〝シロ〟は聞いていました。

シロ　この人たち、今こそ生活を見直すチャンスじゃないかしら？

ハチ　あれも残しておこう、これも使えるかも……ってばかり思っていると、家じゅうモノで溢れかえってしまうね。

シロ　そうなると、心の中も窮屈になってしまうわよ。

ハチ　**モノも心もため込まないこと。**

シロ　使ってこそ、もっと言えば使い切ってこそもったいない精神が活きてくる。

ハチ　身の回りをスッキリしておくと、吉報が入ってきて、夫の昇進が決まったり、息子の縁談がまとまったりするらしいよ。

脳内整理のススメ

部屋を整理することで、「もったいない」に気づくように、脳内を整理することで、無駄な考えが解消され、前向きでポジティブな思考になります。ちょっとした習慣を身につけることで、自然と脳内整理ができるのです。

リラックスの効果

脳内整理には、まずリラックスすることが大切です。副交感神経が優位になるときに、リンパ球が活性化することが、近年の研究でわかっています。免疫力も上がり、様々な病気の予防ができます。リラックスには、山登りや海辺の散歩など、有酸素運動や筋肉トレーニングが効果的です！

こんな脳内整理法はいかがでしょうか

- ○身の回りの整理整頓
- ○そうじをする
- ○自然と触れ合う
- ○温泉につかる
- ○たっぷりと寝る

episode 20

眠りとハイタッチ

太陽は深い眠りに役立つ

その日、〝ハチ〟と〝シロ〟のそばに座ったのは、20代後半のWEBデザイナーと30代後半のフリーライターの2人です。

「残業続きで、今日で2日も寝てないんです」

「オレなんて、ここのところ眠りが浅くてさ。2時間寝ると目が覚めるんだ」

「神経が立ってるんですかねー」

「眠ることがこんなにむずかしいとは思わなかったな」

そんな2人の会話を、テーブルの下にいる〝ハチ〟と〝シロ〟は聞いていました。

ハチ 最高の眠りってどんなものだと思う？

シロ 睡魔に襲われて、ああ眠いと言ってから
3秒で意識がなくなっちゃう、そんな眠りかな。

ハチ 最高の眠りを得るには
太陽と顔合わせしないとね。
太陽なくして、深い眠りは
得られないはずだよ。

シロ まず、夜型の生活を改めるべきね。
それでも眠れない人は？

ハチ 寝よう寝ようとすると、なおさら眠れない。
そんなときは、お医者さんに相談したほうがいい。

シロ 睡眠不足は心身に悪影響を及ぼす
おそれがあるから。

Dr. AMANO EYE

| カラダの自己管理 |

7時間睡眠で健康で長生き

Sleep 7 hours and live longer

海外と国内では、10年以上にわたる
大規模な研究により、睡眠時間が6.5時間未満の人は、
7時間から7.5時間の人よりも糖尿病発症リスクが
高くなることがわかりました。
睡眠時間が6時間未満の人は心臓病や脳卒中による
死亡リスクが倍増することが、研究結果で証明されました。

質の良い睡眠の効果

健康と幸福度において、睡眠の質と量を改善することは、宝くじに当たるのと同等の効果があるという研究結果があります。

○「疲労回復」
○「免疫力アップ」
○「ストレス緩和」
○「アンチエイジング」など、

質の良い睡眠は、心、カラダ、仕事、遊び、すべてが楽しくなります。

セロトニンを増やそう!

質の良い睡眠や精神の安定に必要な、伝達物質セロトニン。そのセロトニンを増やすと、快適な睡眠がとれます。太陽をたっぷり浴びて、自然のリズムに合わせた規則正しい生活をすると、セロトニンが分泌されやすくなります。

振り向かせたのは
その声

教わった通りに
できないのは
各自の個性なの

episode
21

感動しよう！　まずは自画自賛

耀《かがや》く人は夢中思考

その日、〝ハチ〟と〝シロ〟のそばに座ったのは、20代前半の3人の男性です。3人は、趣味のサッカーについて話し込んでいます。

「もうサッカーなんかやめて、その労力を金儲けに使ったほうがいいんじゃゃね」

「そうだな。プロになれるわけじゃないのに、毎週日曜日を潰されてさ。試合も全然勝てねーし、アホらしくなってきたな」

「おい、おまえは、どうなんだ？　補欠のくせにやけに楽しそうだけど」

「ボク？　ボクは、ただサッカーが好きなだけさ」

そんな3人の会話を、テーブルの下にいる〝ハチ〟と〝シロ〟は聞いていました。

シロ　何かに夢中でいられれば、
様々な疑念があっても
ネガティブにならないよね。

ハチ　まさに、何かで心が満たされている状態で、
マインドフルネスってことだな。
最高のパフォーマンスを
引き出してくれる。

シロ　夢中になれることこそが、
いまその人が本当に求めている
ことだと思うの。

ハチ　**ただただ好き、だから**
一生懸命やれる。

シロ　そして飽きないこと
そういうことに出合えたら、
それだけで幸せだね

これからの幸せ研究の指標

ハーバード大学公衆衛生大学院は、
米国最古の公衆衛生大学院です。
その中にある『健康と幸せセンター』（2016年設立）は、
幸せを測るための指標の開発に取り組んでいます。
最終的には、実社会で、これらの研究成果が
活かされることを目標のひとつとしています。

『健康と幸せセンター』研究における3本の柱

1. 健やかな心と心臓血管系との関係
2. 心を整え、ストレスに対処する「マインドフルネス」という技法の効果
3. 健康に関する情報やその伝え方と、健やかさとの関係

『健康と幸せセンター』とは？

2016年4月22日、中華料理調味料の香港のブランド『李錦記』ファミリーより、約21億円にものぼる寄付金で『健康と幸せセンター（Lee Kum Sheung Center for Health and Happiness）』が設立されました。文字通りこのセンターでは、「幸せ」と「健康」の関係について調査研究しています。特に前向きな思考や仕事のやりがいなどが、健康にどう影響するかを解明することを目的としています。

episode

22

食生活に陽気な色づかい

——カラフルは脳をときめかせる

その日、〝ハチ〟と〝シロ〟のそばに座ったのは、30代半ばの2人のOLです。2人は、食生活について語り合っています。

「最近、美肌のために野菜をなるべく摂るようにしているの。野菜料理って食べ続けるのがむずかしいわよね、何を作っているの?」

「ミネストローネのように、その場にある野菜をみんな入れてスープ仕立てにするの」

「私は具だくさんのみそ汁を毎朝作ってる」

「私は酢の物、煮物、蒸し物を原則作るの。なるべく10種類以上の野菜を使うことを心掛けているわ」

「私たちって食に対してはけっこう熱心よね」

そんな3人の会話を、テーブルの下にいる〝ハチ〟と〝シロ〟は聞いていました。

ハチ　〝美味しい〟は
味がいいからだけじゃない。
彩りがいいから美味しそうだと感じられる。

シロ　サラダにしても思わず

ハチ　心をつかまれちゃうような
華やかな盛りつけだと、
たくさん食べてしまうよ。

シロ　**食がすすむのは、**
味つけ、彩り、盛りつけ、この3つが大事。

ハチ　楽しい食事は
元気、笑顔、やる気が湧く。
それが最高の食卓ね。

Dr. AMANO EYE

食美人を目指す

美肌は食から

健康のバロメーターのひとつは、肌の状態です。
肌の水分、はり、つや、弾力などを表します。
美しく年を重ねるためには、食習慣が重要なのです。

美肌の食習慣

植物性エストロゲンの多い食材を摂る

体内で女性ホルモンのように機能する物質。

●大豆、ザクロ、ごま、くるみなど。

抗酸化物質の野菜とくだものを摂る

酸素が原因となる有害な反応を減弱や除去をする物質。

●リンゴ、にんじん、トマトなど。

コラーゲンを積極的に摂る

体内のタンパク質の総量の約30％を占めるもの。

●軟骨、魚、骨付き肉など。

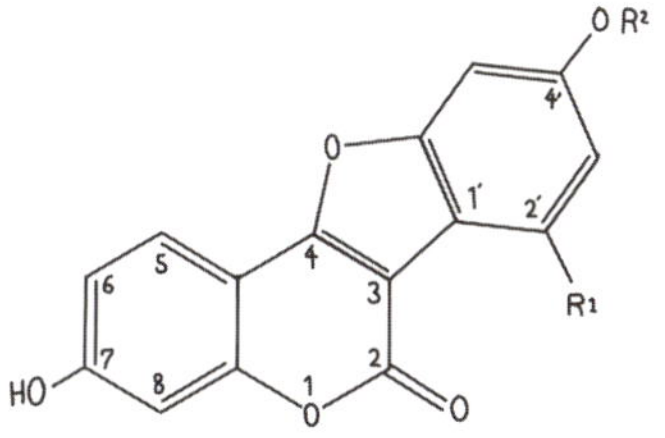

腸の美しさと美肌は比例する

美肌に最も大切なのは、栄養をカラダ中に送り込むことです。栄養を吸収する腸が弱っていては、美肌は望めません。まずは、腸を健康に美しくするための食事を心掛けましょう。

1. 味噌、酢など、日本古来からの発酵調味料で腸内環境を整える。
2. 植物繊維で、腸の中の汚れを掃除して排出する。
3. よく噛んで食べることで、胃腸への負担を軽減する。

episode 23

自然は話し掛けている

ひとりぼっちだからこそ聞こえる声

その日、〝ハチ〟と〝シロ〟のそばに座ったのは、30代後半の2人の女性です。

「最近、よく自然との対話とかいう記事を見るわね」

「あるある。あれって意味がわからない」

「旅行中に、自然の景色を見て思わず息をのんだり、声にならないほどの感動を覚えるってことがあるでしょう？

そのとき心の中できれいだと言っていない？　それが自然と対話しているということなのよ」

「だから感動した場所にまた行きたくなるのね」

そんな2人の会話を、テーブルの下にいる〝ハチ〟と〝シロ〟は聞いていました。

シロ
心が乱れたら
美しい自然の中に身を置けば
気分が変わるよ。

ハチ
土の香りを嗅ぐと心が安らぐよね。

シロ
大きな岩を見つけたら、
おおいかぶさって
自分の心臓の鼓動を
聞かせてごらん。

ハチ
いつも歩く道で
今年も咲いた花を見つけたら、
きれいだねと褒めてみよう。

シロ
自然はいつだって
私たちを受け入れてくれている。
自然との対話は自分の心を見つめ
穏やかにしてくれる。

Dr. AMANO EYE

｜心を笑顔に｜

幸せの予測因子

**健康で幸せに年を重ねるための、
最も重要な因子が、日本で研究されています。
慶應義塾大学大学院システムデザイン・マネジメント
前野隆司教授の研究により、明らかになりました。**

日本の研究者による“幸せ”4つの因子

1
「やってみよう因子」
自己実現や成功などの達成感が幸福感を高める。

2
「ありがとう因子」
他者の親切に触れることで人間は幸福を感じる。

3
「なんとかなる因子」
楽観的で、自己肯定できると幸せも実感できる。

4
「あなたらしく因子」
マイペースな生き方は、幸福度を高める。

慶應義塾大学大学院の前野隆司教授の独自の研究による

episode

24

こんな私、でも大好き、

どんな自分も「自分は自分」と肯定する

その日、〝ハチ〟と〝シロ〟のそばに座ったのは、30代前半の主婦と女優の2人です。彼女たちは小学校受験から同じ名門校に通った同級生です。

「お久しぶり。新婚生活はいかが？」

「結婚って大変！　こうやって友だちに会うのもなかなかできないのよ。あなたは夢だった女優を続けているんでしょ？」

「アルバイトをしながら細々とね。あなたこそ働かなくてもいいんでしょ？」

そんな2人の会話を、テーブルの下にいる〝ハチ〟と〝シロ〟は聞いていました。

シロ　人はそれぞれ違う人生を歩むのよ。

ハチ　隣の芝生は青く見えるっていうけれど、
この2人の場合も結婚したほうが幸せなのか、
好きなことをやり続けるのが幸せなのか、
比べることはできないよね。

シロ　いつも思うけれど、人生なんて
死ぬときにならないとわからないのよ。
幸せだったのか不幸だったのか。
ひとつ言えるのは、行動しなければ
なんにもおきないってことよね。

ハチ　だから自分のやりたいこと、好きなこと、
そして**自分が決めたことをすれば**
肯定できる。そうすれば
自分を大好きになれるはずだよ。

エイジング・マネジメント法

元気で幸せな中年、中高年、老後を迎えるために、
“知的な人生設計”“戦略”“訓練”などが必要です。
それによって、生活を楽しむ“能力”と
生きる“チカラ”を高めていきます。
これがエイジング・マネジメント法の
基本的な考え方です。

人生観における重要な要素

“生活習慣病”の予防
“老化”の予防
どちらも重要！

“生活習慣病”と“老化”に対して、できるだけ早い段階から“準備”をしておくことが大切です。単に“カラダの異常がない”ことで満足せずに、もっと精神的に満たされたHappyな状態を作っていくことが、エイジング・マネジメント法です。“未病を治す”智《ち》慧《え》、そのものともいえます。

“いのち”曲線のカーブを変える！

人間の健康度は、20代後半をピークにどんどん下がっていくことが現実です。これを生活の質を高めることによって上げ、人生を豊かにし、寿命を伸ばします。“いのち”曲線のカーブを変えることが、ワンランク上の健康であり、エイジング・マネジメント法の考えです

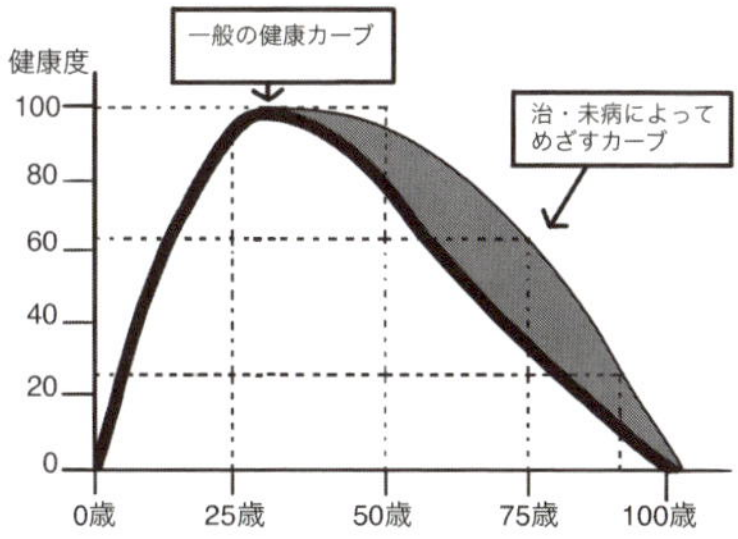

見た目が違っても
心はひとつ

episode 25

共鳴の大切さ

ワンランク上の絆を深める

その日、〝ハチ〟と〝シロ〟のそばに座ったのは、30代後半の夫婦と小学2年生の息子の3人です。夫と妻は、息子の教育について話し合っています。

「このままじゃ、希望の私立に受からないわ。もうひとつ塾を増やそうと思うの」

「あんまり無理をさせてカラダを壊したら元も子もないぞ」

「ねえ、ママ見て、見て！　空にトンボがいっぱい飛んでいるよ」

「いい教育を受けさせないと、将来どうなるかわからないのよ！」

「すごいよ。トンボって夕焼けと同じ色だね……」

「それよりもいまを豊かに生きるほうが大切なんじゃないのか！」

そんな3人の会話を、テーブルの下にいる〝ハチ〟と〝シロ〟は聞いていました。

シロ 教育も大切だけど、いま、
子どもが夢中になっていることを
親は見逃さないでほしい。

ハチ たくましく成長するために、
本当に必要なことって何？

シロ まず親子で共鳴できる体験をいっぱいして、
お互いをよく知り、いい関係を築くことね。

ハチ **一緒に笑える、一緒に楽しめる、**
一緒に感動を味わえる、
そんな環境で
共鳴や共感が生まれる。

シロ 本当の意味での健康や
〝いのち〟を学んでほしいわね。

Dr. AMANO EYE

全身が老けない秘密

ワンランク上の健康を目指す!

「ワンランク上の健康」とは、カラダだけではなく、
精神・仕事・生活など、
すべてにおいてQOL(Quality of Life)をアップすることです。

カラダも精神もたくましく生きる

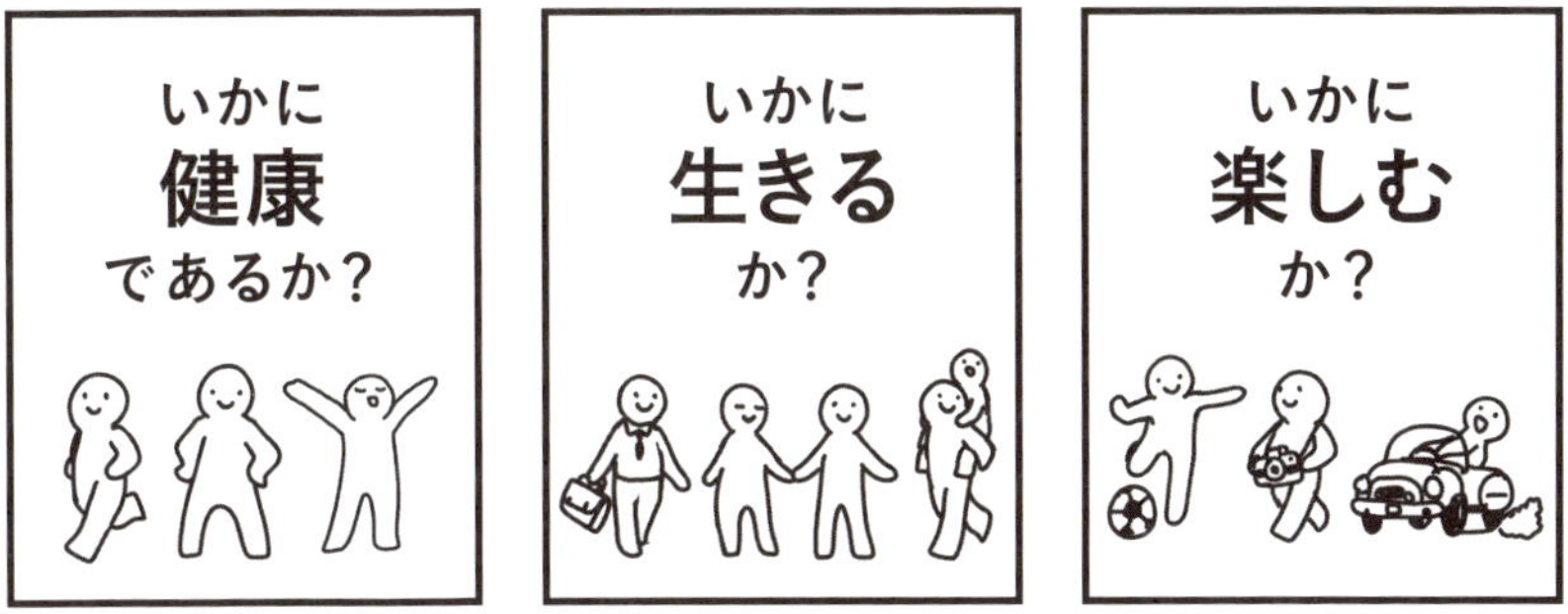
いかに
健康
であるか?
いかに
生きる
か?
いかに
楽しむ
か?

“いのち”

ただ病気を治すだけではなく、より健康でより精神的に満たされることにより、満足感、Happyの状態を作っていく(マネジメントする)ことは、未病を治す神髄です。

●

ただの“守りの予防法”だけではなく、もっと積極的にポジティブで“攻める健康法”を生活に取り入れることは、楽しみながら生きるという人生観の要素が、含まれています。

治・未病はただの“予防”ではない!

episode 26

足るを知る

まず、健康で生きられることに満足する

その日、〝ハチ〟と〝シロ〟のそばに座ったのは、高級ブランドの小物を身につけた40代前半の2人の主婦です。彼女たちは、お互いに生活の不満を言い合っています。

「私なんて、このスマホ、もう5年も使っているのよ。人前で使うのが恥ずかしくって……」

「うちなんて、いまだに食洗器がないんだから。このあいだ、近所のママ友に驚かれたわよ」

「あーあ、旦那もそろそろ、部長になってくれないかしら」

「この年になったら、いつまでも社宅じゃカッコがつかないわよね」

そんな2人の会話を、テーブルの下にいる〝ハチ〟と〝シロ〟は聞いていました。

シロ　人間って不満を見つけるのが得意で、
それって才能かな？
人間の欲望には際限がないからね。

ハチ　**「足る」を知れば、不満が消える**のにね。
物質的な満足ばかりを求めていて、
本質的な満足がおろそかになっているんだね。

シロ　過ぎたるは及ばざるがごとし。自分の満足感を
知っておくことが大切ね。満足はみんなに
あたたかい優しいものを運ぶけれど、不満は
イヤーな気持ちにさせるから口にしないほうがいい。

ハチ　足を満たすと書いて「満足」。
「足る」も「足」という字だよね。

シロ　カラダにとっても心にとっても足は大切なんだね。
足が動くことを当たり前と思わず維持する努力をしないと
いまある健康もそこなわれていくよ。

Dr. AMANO EYE

全身が老けない秘密

“ロコモ”対策

特に脚の筋肉が衰えることによって、要介護になるリスクが
高い状態となることを“ロコモ”(ロコモティブシンドローム＝
運動器症候群)と言います。その対策としては、
日常生活において、筋力の維持を心掛けることが大切です。
加齢による脚の筋肉の衰えは、
歩行機能にも多大な影響を及ぼします。

脚は第２の心臓

脚の健康はとても重要です。

①積極的に歩く

▼

②心臓への血流が良くなる

▼

③心臓の働きが活発になる

▼

④全身の健康につながる

脚の老化対策

筋肉を強化するには

●筋肉を作る材料となる、鶏の胸肉、カツオなど赤身の魚を積極的に食べる。

●日常生活の中で、なるべく脚をこまめに動かす。移動に徒歩を多く取り入れる。

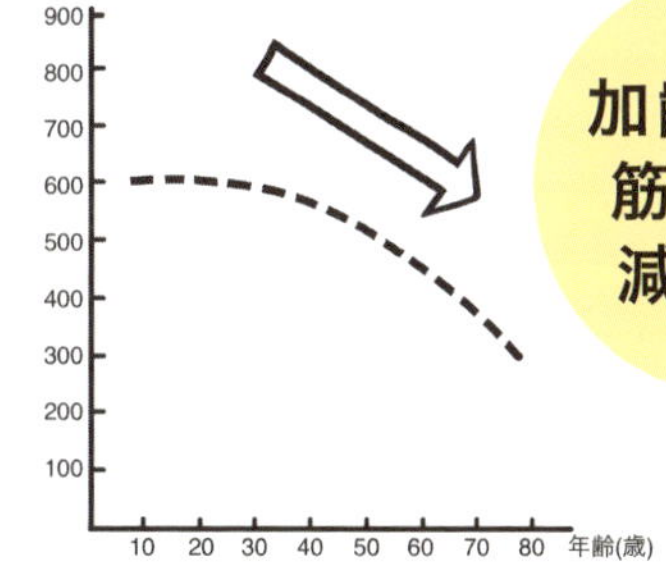

加齢により
筋肉量は
減少する

episode 27

人生は春夏秋冬

生きることにも四季がある

その日、〝ハチ〟と〝シロ〟のそばに座ったのは、50代前半の夫婦です。2人は、自分たちの人生を振り返っています。

「私たち、ずいぶん頑張ってきたわよね」

「ああ、無我夢中で生きてきて、気がついたらこんな年だな……」

「そろそろ、老後のことを考えなくちゃね」

「よし！　最後のチャンスだ。思い切って会社を辞めて、第2の人生に踏み出そうかな」

「お願い。定年退職までいまの会社で頑張って！」

そんな2人の会話を、テーブルの下にいる〝ハチ〟と〝シロ〟は聞いていていました。

ハチ　一年に四季があるように、人生も季節に当てはめることができるんだ。

シロ　そう考えるといま自分のすべきことがわかってくるかもね。

ハチ　人生の花盛りを30代と考えると、おとなの円熟味が増す50代は人生の秋へと入っていく感じかな。

シロ　おとなの自覚があるなら、新しくチャレンジしてみるのもいいさ。

ハチ　秋が過ぎれば冬が来る。深まっていく人生の四季を堪能しよう！

Dr. AMANO EYE

生きるチカラ

“いのち”の四季

人間の生命活動の流れと変化を、心とカラダの成長にしたがって、春夏秋冬のイメージでとらえてみましょう。自らの健康を知る上でとても大切なことです。

春夏秋冬と“いのち”の四季

いのちの春

誕生から25歳ぐらいまで。生命の基盤となる「心とカラダ」を両輪とするひとりの人間が形成される時期。大自然のリズムに敏感に反応し成長が始まります。

いのちの夏

20代半ばから49歳ぐらいまで。心とカラダの両輪が動き始め、生命活動の勢いが強まってきます。個性と能力が開花します。ライフスタイルを確立する時期です。

いのちの秋

50代から75歳ぐらいまで。心身が大宇宙のリズムと法則に同化して生命活動が安定する黄金期。創造能力がピークを迎えます。文化や芸術などに励み生命力を全開に!

いのちの冬

70代半ばから100歳以上。心とカラダのバランスが崩れます。努力と精進により、人間の限界を突破しましょう。未病と共存し、存分に人生を謳歌する時期です。

0歳〜
未病を確認

25歳〜
未病の回復

50歳〜
未病を治す

75歳〜
未病と共存

“いのち”の四季をとらえ、未病に対応し、「黄金のとき」を迎えましょう。

episode

28

理想の死？

自分が死んだあとに残る景色がある

その日、〝ハチ〟と〝シロ〟のそばに座ったのは、おばあちゃんのお葬式帰りの3人の親子です。小学5年生の娘が、おばあちゃんの死について話しはじめました。

「おばあちゃんは、どうして死んじゃったんだろう？」

「人には天寿というものがあるんだよ」

「天寿って何？」

「神様に授けられた寿命のことね」

「じゃあ、私の寿命も決まっているんだよね？」

「そうだけど、それは誰にもわからないのよ」

「おばあちゃんは、納得しているのかな」

「わからないけど。長生きしたからそうなんじゃないか？」

そんな3人の会話を、テーブルの下にいる〝ハチ〟と〝シロ〟は聞いていていました。

ハチ　天寿といっても、やり残したという
後悔があったら、
死ぬに死に切れないんじゃないかな。

シロ　やり残したことがあっても、
日々、今日も頑張ったねと
自分を肯定できたら、満足して
私はありがとうと言って死んでもいいわ。

ハチ　自分ならどうやって死と向き合うかを、
誰かと話し合うと
気持ちに余裕がもてるね。

シロ　良いことを残して死ぬと思えば、
わずかでも安らかな気持ちになれそう。

ハチ　誰かが死ぬと残された人たちに
新しい景色が現れる。**死に行く人は**
なにかを託し、残された人はなにかを担うのよ。

Dr. AMANO EYE

全身が老けない秘密

長寿ホルモン“DHEA”

腎臓の上にある副腎から分泌される、長寿研究で
最も注目されている、身体を若く保つホルモン。

DHEAの4つの働き

①動脈硬化の予防
②骨を守る働き
③免疫力を上げる
④筋肉の維持

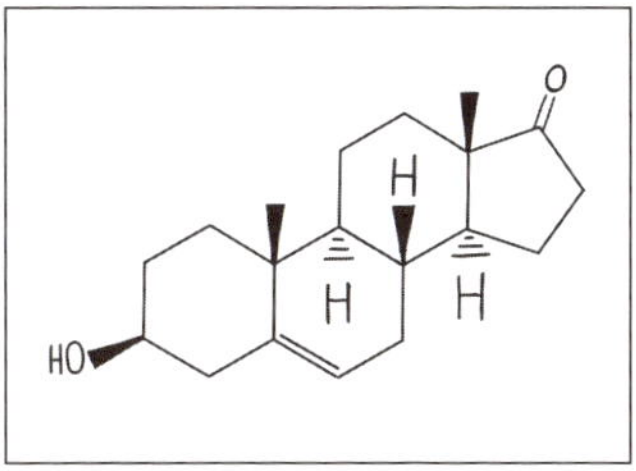

長寿ホルモン“DHEA”の増やし方

カラダを若く保つホルモン“DHEA”は、
20代がピーク。ストレスが、
副腎からのDHEAの分泌を減少させ、老化を進めます。

DHEA を増やす生活習慣

○趣味をもった生活を送る
○軽い負荷がかかる適度な運動をする
○野菜、くだものなどの抗酸化物質を多く摂る

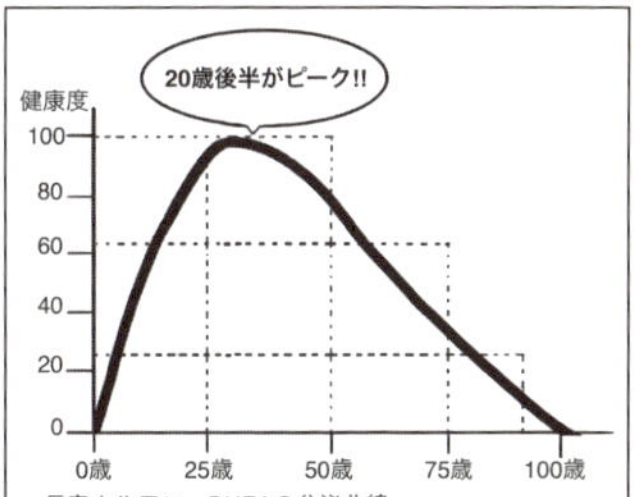

長寿ホルモン・DHEAの分泌曲線

※DHEA＝デヒドロエピアンドロステロンの略

口角をキューっとあげて
HAPPY SMILE!

美しいスタイルは
一日にしてならず

episode

29

うんちとおしっこが生きている証し

排泄の状態は健康のバロメーター

その日、〝ハチ〟と〝シロ〟のそばに座ったのは、30代前半の2人の女性です。2人は、排泄について語り合っています。

「この頃、近くなっちゃって」

「私もよ。映画館に行くのも躊躇しちゃうわ」

「そうかと思えば便秘気味だし」

「人間は、うんちとおしっこというものに、一生煩わされるのね」

「いやねー、もっと科学が進んでなんとかならないのかしら」

そんな2人の会話を、テーブルの下にいる〝ハチ〟と〝シロ〟は聞いていていました。

ハチ　排泄することがなくなったら、
もう人間じゃないだろ。

シロ　うんちとおしっこの問題は、
心身の問題でもあるからね。
排泄の状態で健康状態もわかる。

ハチ　排泄行為は、快感でもあるんだよな。

シロ　様々なストレスを
軽減してくれるのよね。

ハチ　**うんちとおしっこが**
生きている証しなのさ。

Dr. AMANO EYE

生きるチカラ

腎臓の大切さ

近年、新たな国民病といわれる腎臓の病気
『慢性腎臓病（CKD）』の急増が社会問題になっています。
慢性に進行する腎臓の病気です。
日本において、その患者数は、
約1330万人と推定されています。初期には、
ほとんど症状が出ないため、
深刻化するケースも多くあります。

腎臓のメカニズム

1. 心臓から送りだされる血液の約40%は、常に、腎臓に送られます。
2. 腎臓の中の“ネフロン”という組織によって、血液をろ過し、カラダに必要なものと尿に分けます。
3. 腎臓は、30～40代で、老化により機能が低下しはじめます。
4. 腎臓は、尿を作るだけでなく、血圧や水分、電解質のコントロール、骨の形成など、健康と生命を維持するために多くの役割をになっています。

腎臓に良い習慣を!

○塩分の摂りすぎをやめる
○禁煙
○毎日適度な運動をする
○疲労を早く回復させる

episode

30

好かれる人になれる方法

素直という器量

その日、〝ハチ〟と〝シロ〟のそばに座ったのは、初詣に向かうカップルです。2人は、人の素直さについて語り合っています。

「お参りは、やっぱり素直な気持ちで手を合わせないとな」

「でました、素直発言。いつも私に素直になれってうるさいよね」

「素直になることは、悪いことじゃないだろ」

「素直ってただ服従することじゃないよね」

「だから、そういうところが素直じゃないんだよ」

「じゃあ、素直ってなによ?」

そんな2人の会話を、テーブルの下にいる〝ハチ〟と〝シロ〟は聞いていました。

シロ 素直な人って気持ち良くてあたたかい。
まんまるい形をしているものだと思う。

ハチ 分け隔てがなくて、
偏屈じゃないという印象だな。

シロ 人のいいところを発見して、
それを認められるということが
素直ということよ。

ハチ ひねくれたり、いじわるな
気持ちももたないでね。

シロ 素直になると、
人と人との関係性が良くなり、
みんなが寄ってくるのよ。

ハチ **素直という器量は、とてつもなく**
大きな力をもっているんだな。

Dr. AMANO EYE

ハーバードに学ぶ

人生を豊かにする

習慣にこそ、人生を豊かにする鍵が隠されているということが、ハーバード大学の研究によりわかってきました。さて、まず何からはじめればいいのか？ 究極の習慣の提案です。

人生が楽しくなる習慣プラン

①シンプルにする

するべきことを減らして、生活をシンプルにします。自分が気持ち良いことを選ぶ。自分を休ませる。

②実行する

この2つの習慣を実行しましょう。
a. 毎朝15～20分深呼吸と軽い運動
b. 毎晩15～20分瞑想
決まった時間＋決まった行動＝習慣化

③運動する

週2回。1回40分の運動をすること。運動には、自己評価や思考力など、精神力を高め、健康寿命を伸ばします。

④回復力アップ

私たちの多くが、自然の要求を無視して心とカラダを酷使し続けています。個人として、家族として、社会としても、よくありません。定期的に休息し、回復の時間を作りましょう。

episode

31

幸せは感染する

―― 愛される人の魔法

その日、〝ハチ〟と〝シロ〟のそばに座ったのは、4人の60代後半の女性です。『絵手紙の会』の集まりで、〝幸せ〟をテーマにミーティングしています。

「小銭入れに、見覚えのない500円玉を見つけるとちょっと幸せ!」

「サヤエンドウの筋がスルッときれいにむけたときとか、いいわー」

「私、なんでも山盛りが好き! どっさりあると幸せな気持ちになる」

「亭主が、朝から出掛けたときかな……」

「………………!!!」

そんな4人の会話を、テーブルの下にいる〝ハチ〟と〝シロ〟は聞いていていました。

ハチ
シロ
ハチ
シロ
ハチ

幸せを呼ぶ人っているよね。
一緒になって喜んでくれる人。
そんな人のことだね。
あの人に会うと
いいことがおこる
と言われる人でもある。
幸せを呼ぶ人になるには、
誰からも
「いつだって変わらない。
いっつも元気ね！」って
言わせちゃう人になることね。
そういう人が人を幸せという
高次元に押し上げてくれる。
そして次から次へと
みんなを幸せにしてくれる。

Dr. AMANO EYE

ハーバードに学ぶ

幸せは感染する

ハーバード大学の研究により、
「幸せは感染する」ことが明らかになっています。
さて、どうすれば、幸せになれるのか？
どのようにして、どうすれば、人生を豊かにできるのか？
幸せのサイクルの紹介です。

幸せの連鎖

いいところを探すくせ

幸福というものは人生における客観的な出来事で決まるのではなく、出来事をどのように理解して解釈するかという、主観的な心の働きで決まるものです。

人の幸せに貢献する

他人の幸せに貢献している人は、大きな恩恵をうけています。幸福は尽きることなく無限の資源です。寛容さをもつ人と“幸せ”をわかち合うことで、他人の幸せは、自己も満足感が得られます。

感謝する

感謝をしている人はよく眠れるようになります。そして、より運動をするようになり、心とカラダの不調が治ります。

良いことを習慣に

自分の利用価値を高める。自分が大切にしている価値観のある行動をする。例／家族との時間、運動、音楽、仕事、友人……、それらの優先順位と時間の割合をつけましょう。

episode 32

「ありがとう」「ありがとう」「ありがとう」

感謝の気持ちが溢れてきたら幸せになれる

その日、〝ハチ〟と〝シロ〟のそばに座ったのは、駅伝大会を終えたばかりの大学4年生の男性3人です。学生生活最後の駅伝に思いが溢れてきます。

「完走できたけど、結局、一度も入賞できなかったな」

「でも、おまえがあの3㎞を踏ん張ってくれたから、タスキを渡すことができたんだよ。ありがとな」

「そうだな、ケガをして走ることをやめようかと思った時期もあったけど、丈夫なカラダに生んでくれた母親に感謝だな」

「キツい練習についてきてくれた後輩にも感謝だな。ありがとう」

「一生忘れられない思い出になった。ありがとう」

そんな3人の会話を、テーブルの下にいる〝ハチ〟と〝シロ〟は聞いていていました。

シロ　〝ありがとう〟って
心から感情が湧いて、
言葉を発することができる人は
幸せだよね。

ハチ　そんな場面がたくさんあって、
言えば言うほど幸せになる
魔法の言葉だよ。

シロ　背を向けたくなるほど
つらかったことにだって
ありがとう。

ハチ　あの日があったから、
ありがとう。

シロ　この本を読んでくれた人たちにも、
本当に本当に、ありがとう。

Happyの効果

ハーバード大学の研究により、
Happyでいることが、
健康や人生に大きく影響することがわかってきました。
これは、未病を治す観点からも、重要なテーマです。

Happyの効果

血糖値が安定する

肥満になりにくくなる

高血圧になりにくくなる

ガンが発症しにくくなる

自殺率が低くなる

うつ状態や不安が少なくなる

Happyのメカニズム

Happyでいると……、

1. 好きなことに夢中になれる → 集中力を高め 自律神経の働きが良くなる
2. 笑顔になる → 免疫力を高め、風邪をひきにくく、疲れにくくなる。
3. 怒らない → 常に怒っていると 体内の活性酸素が大量発生し、細胞を炎症させ、老化と病気の原因になる。

次がチャンスかも
しれない

あとがき

―――― *Sho Amano*

１９８４年にＷＨＯ（世界保健機構）の試験合格により来日。あれから30年以上が経ちました。

以来、順天堂大学、東京大学、そしてハーバード大学で、未病医学の普及・研究・教育活動に携わり、邁進してまいりました。

〝未病を治す〟とは、病気にならないため、発症前に体質改善し、心と身体をケアすることで、それは最も大切なことです。日々健康でポジティブな生活を送ることが、最高の幸せだと私は確信しています。

この本の中では、〝未病を治す〟ための知識や実践法を、とくにハーバード大学の最新研究情報を取り入れ、32個のレポートにまとめました。

この本を通して皆様の健康と幸せに少しでもお役に立つことができましたら幸いです。

最後に若手後輩の※天野方一医師の助言と監修に心から感謝します。

天野　暁

天野 暁 ○医学博士

Sho Amano

日本未病医学研究センター　所長
ハーバード大学公衆衛生大学院
日米未病研究チーム　首席研究員
（カワチ・イチロー教授Lab）
前東京大学・食の安全研究センター　特任教授
日本抗加齢医学会・日本未病システム学会　評議員など

1984年　WHO 試験合格により来日
1991年～1997年　順天堂大学医学部　医学博士
2009年～2017年　東京大学食の安全研究センター特任教授
2013年～現在　ハーバード大学公衆衛生大学院
日米未病研究チーム　首席研究員（カワチ・イチロー教授主宰Lab）

漢方医学・未病医学・抗加齢医学を専門とする
“未病医学”の第一人者。
特定保健用食品、漢方薬、特にフーズサイエンスによる
サプリメントの研究に高い評価を得ている。
未病医学研究センターでは、
東洋医学の診断と、豊かな経験を生かして、
個人のライフスタイル・体質に合わせた、
未病改善とアンチエイジング法を行う。

著書／『病気にならない15の食習慣』
日野原重明・天野 暁（青春出版社）
『Happy エイジング── 今こそ、治・未病』
（万葉舎）など多数。
http://www.mibyo-center.org/
aaw37730@syd.odn.ne.jp

※天野方一○医師

抗加齢医学専門医、腎臓内科専門医、
内科学会認定医、日本医師会認定産業医など

2018年からハーバード大学公衆衛生大学院にて、
最先端のアンチエイジング及び、
「The relationship between health and happiness
（健康と幸福の関係性）」について研究。
https://activehealthlab.wordpress.com/

あとがき —— *Hiroko Arai*

転校生がいじめられるのは、昔も今もよくある話だが、それによって人生が変わったのは私だけだろうか。

その日も私は学校に行かず、部屋の窓から大粒の雨をじっと見つめていた。途方に暮れ、心はズタズタだった。地面のあちこちに水たまりができはじめて、どのくらいの時間がすぎただろう。

犬だ！　私はとっさに玄関に走る。ドアに手を掛け思い切り扉を開け、一目散に駆け寄った。毛が白く、傷だらけの濡れた体は、手を広げると8歳の私の胸の中にすっぽりと入った。

「シロ！」

それはまるで初対面とは思えぬ出逢いだった。

人間に怯えたその瞳は私と同じだった。シロの振るしっぽは私の苦しみを追い払ってくれているようで、その日から私はひとりぼっちではなくなった。

シロに出逢ってから、私は不思議な体験をすることになる。転校先の山口県は山あり海あり、横浜の景色とは違っていた。ちょっと歩けば鳥居やお地蔵さんばかりが目に入った。人けのない山道を登り、崖っぷちのつるをつかんで下りていくと、そこにはポンポン船の音だけが響く海が広がっていた。私たちはよくそこで遊んだ。遊べば眠くなる。大きな岩の上で眠ってしまうのが私たちだった。

私はシロとよく言葉を掛け合っていた。互いに驚いて、喜んで、笑って、楽しんで、ふざけて——それが私たちの会話だった。

私が嬉しくてシロの目を見ると、シロが嬉しいねって言っているのが聞こえる。私がおいしいねって言うと、シロの背中が波打っておいしいねって喜んでいるのが伝わる。そんな会話が私たちにはあった。

シロと一緒にいる間は、嫌なことをひとつも知らないですごせた。だからどんどん希望ばかりが湧いてきた。

そんなシロが教えてくれたことを書きとめました。

２０１８年春　荒井ヒロ子

荒井ヒロ子

Hiroko Arai

国立音楽大学教育学部卒業。
東洋陰陽五行研究家。
学生時代に陰陽五行思想に共鳴し、
独学で習得する。
1984年から雑誌の連載を始め、
著書も多数。
日本人の持つ宗教観、暮らし、
文化などを
独自の視点で語るラジオ番組や
講演会は鋭い切り口で定評がある。
座右の銘は「為せば成る、
為さねば成らぬ何事も
成らぬは人の為さぬなりけり」
著書／『運の極意 ── からだを脱いで』
（日之出出版）
『なぜか大切にされる人の習慣』
（幻冬舎）
『正しい神頼み』
（ヴィレッジブックス）他。

愛犬・上／グーミー　下／レオン（２０１７年10月永眠）

Staff

写真
萩原美寛

表紙・会話文イラスト
ユキツキカ

Dr.AMANO EYEイラスト
柊昇

デザイン
パズル

制作
有限会社
スプリングファーム

★ *Special Thanks* ★

ドッグトレーナー
笹部圭以

柴犬
ハチ

白柴犬
モモ

トイプードル（ブラック）
アクアヴィット

トイプードル（アプリコット）
シャルドネ

ミニチュアシュナウザー
ダイアナ

取材協力
aneacafe参宮橋店

感謝は態度で示し　幸せは笑顔で伝える
人生を好転させる発想と習慣32

2018年4月5日　第1刷発行

著　者　天野 暁
　　　　荒井ヒロ子

発行者　西山哲太郎

発行所　株式会社日之出出版
〒104-8505
東京都中央区八丁堀4-6-5
書籍編集室 ☎03-5543-1661
https://hinode.co.jp/

発売元　株式会社マガジンハウス
〒104-8003
東京都中央区銀座3-13-10
受注センター ☎049-275-1811

印刷・製本　図書印刷株式会社

ISBN978-4-8387-2996-8 C0095